성서에 던지는 물음표
문화 비평적 성서 해석과 오늘

문화 비평적
성서 해석과
오늘

김영석 지음
도지개 기획

성서에 던지는 물음표

동연

"이제 당신이 해석하고 쓸 차례입니다"

'문화 비평적 성서 해석'이라는 용어가 한국에서 사용된 선구적 사례는 김덕기 교수의 저서 『복음서의 문화비평적 해석』(2007)에서다. 북미에서 이 용어는 탈식민주의적 성서 연구에서 매우 활발하게 사용되고 있는데, 김 교수는 이 책에서 바로 이 탈식민주의적 성서 해석을 문화 비평적 연구로 시도하고 있는 것이다. 특히 그가 주로 사용하는 방법은 '교차문화적 읽기'(cross-cultural reading)다. 가령 요한복음 서론(1:1~17)을 윤동주, 김춘수 등의 시를 통해 해석의 실마리를 찾아가는 것이다.

　　　사실 이런 방식의 성서 읽기는 우리 주위에서 종종 시도된 바 있다. 영화나 드라마, 소설 그리고 실제 사건 등이 성서 본문을 재해석하기 위해 교차 읽기의 자료로 적극 활용되곤 했다. 그러나 이런 시도들 대다수는 그 이론적 관점을 유념하지 않은 채 결과적으로 교차 읽기를 시도한 것이었다. 그러니 문화 비평적 성서 해석은, 그 명칭과 함께 사용되는 경우가 드물었지만, 실상은 그리 생소한 것이 아니다.

그런데 이런 매력적인 성서 읽기는 많은 이들에게서 해석자의 자의적인 읽기의 산물이라는 비판에서 자유롭지 못했다. 이것은 결국 올바르지 못한 해석, 학문적 권위를 부여받을 수 없는 해석이라는 오명을 씌웠다. 그런 점에서 '문화 비평적 성서 해석'이라는 명칭을 사용하고, 그것이 현대 성서학계의 가장 최신 조류의 하나임을 소개한 김덕기 교수의 시도는 높이 평가할 만하다.

하지만 안타깝게도 그의 책이 출간된 지 7년이 지나도록 그의 선례를 따르는 연구자도 거의 없고, 독자에게도 거의 알려지지 않았다. 아마도 그 주된 이유는 한국 신학계의 폐쇄성과 보수성 탓이겠다. 또한 난해하기로 유명한 김 교수의 글이 해독되지 못한 것도 또 다른 이유일 것이다.

이번에 출간하는 김영석 교수의 저서는 부제에 '문화 비평적 성서 해석'이라는 용어를 사용했다. 그리하여 이 책은 김덕기 교수의 미완의 시도를 다시 재고(再考)하는 셈이다. 특히 김덕기의 그것보다 덜 이론적이고 덜 복잡하며 각 글들 하나하나의 길이도 현저히 짧다. 독자가 좀 더 수월하게 다가갈 수 있도록 저술한 책이라는 점에서 김영석 교수의 시도는 선행 저작의 반대중적 한계를 보완하고 있다. 하여 전문적 소양을 갖추지 못한 독자가 이 책을 읽은 뒤 자기 나름의 문화 비평적 읽기를 시도할 수 있을 만큼 대중에게 열린 책이다.

사실 문화 비평적 성서 읽기라는 새로운 성서 해석 방법이 갖는 가장 큰 의의는 전문가들만이 아니라 모든 사람이 해석자로 참여할 수 있도록 개방된 해석이라는 데 있다. 즉 여러 개의 고전어(히브리어, 아람어, 고대 그리스어, 라틴어, 콥틱어 등)를 습득하고 난해한 비평 방법들에 대한 고도의 훈련 과정을 거친 연구자가 골방에 파묻혀서 오랜 시간 연구함으로써 비로소 세상에 나오게 되는 전통적 성서 연구는 그야말로 극소수의 특권적 엘리트의 영역이다.

더욱이 이런 연구물을 독해하고 활용하는 것도 아무나 할 수 있는 게 아니다. 목사는 대학원 이상의 신학교육을 받아야 하지만, 그이들 가운데 이런 전문적 성서 해석을 잘 이해할 수 있는 이는 드물다. 심지어는 성서학 이외의 다른 분야의 신학자들조차도 해독하지 못하는 연구들도 비일비재하다. 그만큼 성서학은 매우 '밀의적(密儀的, secret)'인 학문이다.

한편 전통적 성서학은 다른 측면에서도 폐쇄성을 지닌다. 즉 그것은 전형적인 서양 백인 남성의 학문이라는 것이다. 전통적 성서학의 해석 방법인 '역사 비평학'이 바로 그런 문제를 내포하고 있다. 전통적인 역사 비평학의 출발점은 성서 시대의 시리아-팔레스티나, 지중해, 메소포타미아 등의 지역에서 발견된 방대한 텍스트들을 수집하고,

성서에 사용된 단어들을 이 문헌들에서의 용례를 따라 정리한 어휘사전들을 참조하는 데서 시작된다. 18세기 이후 유럽, 특히 독일에서 맹렬하게 일어난 '문서고 운동(archive movement)'의 가장 모범적인 사례가 성서학에서 잘 나타나는데, 이들 성서 어휘 사전들은 현재까지 어느 분야의 학문도 이처럼 철저히 '문서고 운동'의 이상을 반영하고 있지 못하다. 그 이상이란 가장 객관적으로 문헌들을 분류·정리함으로써 하나뿐인 세계의 진실에 다가갈 수 있도록 하는 지식의 체계를 갖추겠다는 데 있다.

하여 성서 해석자는 해독하려는 텍스트에서 사용된 단어 하나하나를 이 용례 사전들을 참조하면서 해독해내는 작업을 한다. 이것을 성서학계는 '성서주석(聖書註釋)'이라고 부른다. 그런 점에서 전통적인 역사 비평학의 대표적인 서술 형식은 성서주석이라고 할 수 있다. 이를 통해 해석자는 오직 하나뿐인 의미를 해독해내려고 하는 것이다.

그런데 이런 해석은 이미 1백 년 전에 파산했다. 문서고 운동이 추구했던 객관성이 결코 실현될 수 없었기 때문이다. 동시대의 문서를 수집하고 분류해 문서들 간을 위치를 재배열함으로써 어휘들의 의미망이 만들어지는데, 그 하나하나에 해석자의 자의성과 편견이 들어가지 않을 수 없고, 그렇게 배열된 사료들 사이를 채워 넣는 것 또한 해석자의 자의적 혹은 편견적 상상력의 산물이라고 할 수 있다. 그러므로 객관성이란 '불가능한 이상'이라는 판결이 이미 1백 년 이전에 확증된 것이다.

　　　더욱이 최근에 오면서 그 객관성을 주장한 해석의 체계에는 서양의 백인 남성의 편견이 불가분 얽혀 있다는 문제가 지적되었다. 그런 편견들이 마치 객관적 진리인 양 가정된 상태에서 성서 단어들의 용례 사전이 거의 2백 년 이상 축적된 지식의 산물로 만들어졌다면, 도대체 누가 그러한 서양 백인 남성의 시선을 반전시킬 지식을 발견하고 입증할 수 있다는 것인가. 결국 서양 백인 남성 중심의 기존 학문 체계가 설정한 해석 가능한 범주를 뛰어넘는 새로운 해석의 성과물을 내놓기란 하늘의 별 따기와 같다.

　　　한데 문화 비평적 연구에서 뛰어난 성과를 이룩한 이들은 여성신학자들과 성소수자 신학자들, 그리고 유색인 신학자들이다. 왜냐면 문화 비평적 성서 해석에서 고전어 해독 능력이나 기존의 비평학적 전문지식보다 더 중요한 것은 해석자 자신이 속한 사회와 문화에 대한 진지한 문제의식이기 때문이며, 이들이 자신의 위치에 대해 가장 철저히 유념하면서 성서를 읽으려 했던 주역들이기 때문이다. 이와 같이 문화 비평적 성서 해석은 해석자 자신이 서 있는 삶의 자리를 깊이 생각하고 그 문화적 사유의 기반 위에서 성서를 읽어낸 결과물인 것이다.

　　　그렇다면 문화 비평적 성서 읽기를 '가장 잘할 수 있는' 이는 성서학자가 아닐 수 있다. 그보다는 자기의 사회문화적 세계를 깊이 생각하면서 성서를 읽는 이들이 더 훌륭한 해석을 내놓을 수 있다. 나아가 그런 이가 굳이 학자여야 할 이유도 없다. 아니 어쩌면 학자들이 '더 나은' 해석자가 되기란 여간해선 쉽지 않다고 할 수도 있다. 왜냐면 학자들은 세상을 경험으로 보기보다는 책을 통해서 알고자 하는 습성이 있기 때문이다. 그러므로 훌륭한 문화 비평적 성서 읽기의 결과물은 난해하고 복잡한 고전어 해독 능력과 비평이론의 습득 능력이 도처에서 드러나는 난해하고 긴 글이 아니라 투박하더라도 진지한 경험에 대한 숙고와 성찰을 담은 간명한 글인 경우가 많다.

그런 점에서 문화 비평적 성서 읽기는 특권적 엘리트로부터 대중에게로, 전문 연구자의 골방에서 사람들의 일상 속으로 성서를 돌려주는 '해석의 새로운 패러다임'이라고 할 수 있다. 그러니 이 책의 간명함은 문화 비평적 성서 읽기의 가장 중요한 효과, 곧 성서를 대중에게 돌려주는 데 있어 더 없이 유용하다.

다소 반복되지만 좀 다른 뉘앙스의 이야기를 더 하자면, 이러한 해석 방법은 '성서에 대한 이해의 전환'을 기저에 깔고 있다는 점을 주목할 필요가 있다. 즉 성서는 '유일무이한 의미의 책'이 아니라 '끊임없이 재해석되고 있는 책'이라는 것이다. '유일무이한 의미의 책'이라는 전제를 한 마디로 줄이면 '성서는 정전(Canon)'이라는 주장이다. 그런데 '정전'이란 말에는 '해석에 반대한다는 의미'가 깔려 있다. 곧 성서는 해석되는 책이 아니라 이미 의미가 완료된 책이며, 독서자가 그 완료된 의미에 얼마나 다가가느냐의 문제가 바로 성서 해석 과정이라는 얘기다.

대부분의 기독교인들은 흔히 성서가 그런 것이라고 생각한다. 하지만 실은 그런 생각은 불가능하다. 왜냐면 우리가 성서를 접하기 위해서는 한글로 번역되어야 했고, 또 번역될 때마다 기존의 것이 거듭 수정되어 왔다. 번역과 재번역은 그 자체가 이미 해석 과정이다. 게다가 매주 수행되는 예배의 설교 또한 해석이 수반된 행위다. QT(Quiet Time)라는 이름으로 매일 매일 시도되는 성서의 묵독 행위도 당연히 자기만의 해석이다. 간증하는 사람, 기도하는 사람, 전도하는 사람들도 각자 자기가 이해한 성서 구절을 언급하는데 그것 역시 해석이다. 이렇게 성서는 무수히 해석됨으로써 사람들의 삶에 끼어들고 대화에 관여한다. 결과적으로 해석되지 않은 텍스트는 죽은 것이며 존재하지 않는 것이다.

그럼에도 교회 권력은 성서에 대한 해석을 금지해왔다. 하여 기독교 신자들은 끊임없이 성서에 대한 해석과 재해석을 통해 성서를 자신의 삶과 연관시켜왔음에도 성서는 해석될 수 없다는 불가능한 생각을 되뇌며 살고 있다.

실은 학자들도 해석 불가능성의 늪에서 벗어나기가 쉽지 않았다. 근대 학문으로 성서학이 등장한 18세기 이래 거의 한 세기가 될 때까지 성서학계는 성서의 유일무이한 의미에 도달하고자 안간힘을 다해왔다. 성서가 과거의 문서이니만큼 이러한 유일무이한 의미에 도달하기 위한 해석 방법은 '역사적'일 수밖에 없었다. 앞서 말한 '역사 비평학'이 바로 그런 해석의 학문적 방법론적 틀이다. 곧 역사 비평학은 본래 유일무이한 원래의 의미를 찾아내려는 성서 해석 방법이었던 것이다.

그러나 19세기 말에 이르면 이러한 역사 비평학은 몰락의 상황에 직면하게 된다. 그것은 유일무이한 해석의 불가능성에 대한 인식이 널리 확인된 결과다. 그로부터 다시 한 세기가 흐르는 동안 무수한 비평학적 시도들이 있었다. 크게 보면 두 가지 경로로 전개되어왔는데, 역사 비평학의 고전적 전제였던 유일무이한 의미의 해독이라는 것을 폐기하고 다양한 해석들과 재해석의 과정을 추적하는 방식으로 '개정된' 역사 비평학을 발전시켜왔던 경로가 하나라면, 역사를 회피한 채 텍스트 자체를 주목했던 이른바 문학적 비평학으로의 경로가 다른 하나다. 한데 이 두 경로로 전개되어온 성서 해석학은 점차 해석의 다양성에 열리는 방향으로 진행되었고 그 과정에서 특권적 권위를 갖는 역사가로부터 다양한 주체에게로 성서를 개방하는 방향으로 전개되어왔다고 할 수 있다. 그리고 그 과정 중에 최근에 시도되고 있는 문화 비평적 성서 읽기가 자리 잡고 있는 것이다.

그렇다면 이러한 의미 다양성과 해석 주체의 다양성으로의 경향을 대표하는 하나의 이름이 왜 '문화 비평'이 되었을까? 그것은 학문의 전개 과정에서 '문화연구'라는 명칭이 이러한 문제제기를 강하게 주장하면서 대두했기 때문이다. 문화 비평의 중요한 의제는 대문자 '문화(Culture)'를 해체하는 데 있었다. 곧 고급문화로 대변되는 사회를 넘어서 사회를 사람들의 일상적 경험세계의 맥락에서 보자는 것이 바로 문화연구의 대전제였던 것이다.

가령 고대사회에서 문자로 된 세계는 극소수의 사람들의 세계, 그것도 그이들의 삶의 극히 일부분에 지나지 않았는데, 그것으로 그 시대의 세계를 재현해왔던 역사학에 대해서 문화 비평적 역사학은 '문자 밖'의 세계를 읽어내기 위해 노력했고, 그 과정에서 무수한 문자적, 비문자적 비교자료들을 찾아냈다. 그리고 이렇게 수집된 사료들을 배열하고 그 사료들 사이의 연결고리를 이야기로 채워가는 것, 그리고 그것을 통해서 영웅담을 만들거나 비극적 이야기를 만들거나 낭만적 이야기를 만들거나 하는 기조가 덧입혀지는 것, 이러한 과정을 바로 문화 비평이라고 불렀던 것이다.

여기서 중요한 것은 문화 비평적 역사 해석자는 역사적 상상력의 소유자라는 데 있다. 그의 상상력을 통해서 사료들이 배열되고 의미망이 만들어지고 기조가 덧씌워지는 것이다. 이때 역사적 상상력은 해석자 자신이 속한 문화적 기억의 망 안에서 수행된다는 점을 주지해야 한다. 하여 이러한 해석은 유일무이한 것일 수 없고, 끊임없이 역사 해석자의 문화적 세계 속에서 재해석되는 것일 수밖에 없다. 결론적으로 말하면 문화 비평적 해석은 텍스트의 유일무이성의 해체와 해석의 독점체제의 해체를 주장하면서 발전한 비평학적 문제 틀이며, 거기에는 과거와 현재라는 마치 이분화된 시간적 분류체계까지도 해체되어 현재 속의 과거, 과거 속의 현재가 서로 어우러지면서 수행되는 재해석의 비평학적 장치인 것이다. 바로 이러한 문제 틀로 성서를 해석한 것, 그것이 바로 문화 비평적 성서 읽기다.

이제 독자들은 성서 해석을 수용하기만 하는 수동적 대상이 아니다. 독자는 동시에 해석자이고, 나아가 성서를 새롭게 쓰는 성서 집필자이기도 하다. 그런 문제의식을 담은 것이 바로 문화 비평적 성서 해석이다. 그런 점에서 김영석 교수의 책은 이 성서 읽기 방법 속에 독자가 해석자-저자로 참여할 수 있도록 하는 안내서로 안성맞춤이다. 하여 나는 이 책을 혼자 읽기보다는 함께 읽는 소모임 속에서 읽기를 권한다. 모임 속에서 책을 읽고 내용에 대해 토론하는 것을 넘어서, 자기들의 새로운 문화 비평적 읽기를 시도하고, 나아가 새로운 성서 텍스트를 만들어내는 일을 함께 수행하는 계기를 이 책에서 발견했으면 하기 때문이다.

_김진호(제3시대그리스도교연구소 연구실장)

미국에서 신약성서 및 성서 해석학 분야를 가르치는 교수로서 늘 한국에 대한 그리움과 사랑이 많았다. 일반대학을 나와 직장 생활을 하다가 미국으로 건너가 처음으로 신학을 접하고 석·박사학위 취득 후 학생을 가르치기 시작한 지 10년이 되었다. 그러니 나의 경험은 꽤 색다르다. 해외 지사 생활을 하면서 세상과 인생 공부를 하고 신학 공부를 하면서 삶의 의미를 다시금 보게 된 것이다. 그리고 완전히 다른 문화권에서의 학교 교수직 또한 흥미로운 일이었다. 교실 안에서 이해하기 어려운 전문용어로 지식을 전달하는 것이 아닌, 교실 안과 밖에서 이해하기 쉬운 말로 어려운 삶의 이야기를 풀어내는 것이 중요한 일이라고 생각한다.

영어로 책을 출판하고 왕성한 학문 활동을 하던 중 틈만 나면 한국에 대한 어떤 책임감에서 모국어로 책을 하나 내야겠다고 오래 전부터 마음을 먹었다.

지금 쓰는 책은 학문적, 전문적인 주제를 쉽고 깊게 그리고 넓게 다루려고 애썼다. 나는 늘 내가 하는 일을 대중적인 소통에 목표를 두고 있다. 비록 학교라는 울타리 안에서 가르치고 연구하는 일이 주업무이지만 연구와 책을 통하여 좀 더 넓은 세상과 소통하는 것을 인생 목표로 삼고 있으며, 그 가운데 삶의 의미도 넓어진다. 그래서 많은 사람에게 읽히는 책이 되게 하려고 더 깊이 고민하며 글을 썼다.

여기서 다루는 주제는 광범위하나 내용을 주로 우리의 삶과 관련된 것으로 정했다. 성서도 삶을 다루는 것이기에 이를 문화 비평적으로 읽으면 오늘 우리 앞에 가로놓인 문제들을 바라보고 접근하는 기준이 될 수 있다. 그러므로 이 책에서는 성서를 역사적 문학작품으로 보는 동시에 또한 종교의 경전으로 보며 그에 따른 해석학적 문제를 짚어볼 것이다. 결국은 오늘을 사는 독자가 스스로 비평적·비판적으로 질문하고 대답해보는 그런 책이다. 여기에는 필자의 사상과 철학이 당연히 들어가 있다. 그렇지만 왜 그런 사상을 갖게 됐는가, 또 다른 관점들은 어떤 가정에 근거하여 그런 결론을 내리는가를 따져볼 수 있다. 다양한 해석 방법 중 왜 우리는 어떤 것을 선택하게 되는가를 따져야 한다는 것이다. 이러한 비평적 해석은 단순히 책을 읽는 방법의 문제가 아니라 책이 무엇인가, 누구의 글인가, 누구의 입장을 대변하는가 그리고 그 해석의 근거가 무엇인가를 깊고 넓게 따져볼 수 있다. 그래서 바라기는 책을 비평적으로(꼭 책뿐만 아니라 사회도 비평적으로) 읽으려는 사람들에게 도움이 될 것이라 생각한다.

인류 사회는 각 시대마다 어떤 특별한 문제가 부각될 수도 있으나 크게 보면 인간의 삶이라는 틀·공간과 문화 속에서 존재하는 다양한 형태의 삶을 조명할 필요가 있다. 즉 역사적 관점에서 삶을 보아야 함과 동시에 동시대에 벌어지는 현재의 삶의 지평선에도 관심을 가져야 한다. 오늘날 가장 시급한 공통의 주제는 다음과 같은 질문이 아닌가 생각해본다. '나는 누구인가?', '세상은 무엇인가?', '세상 속의 나는 무엇인가?', '세상 속의 이웃은 누구이고 원수는 누구인가?', '이웃과 원수를 어떻게 규정하고 어떻게 대처할 것인가?' 이는 인류 역사 이래 늘 고민해오던 것들이다. 그만큼 중요한 문제이기 때문이다. 종교란 것도 결국은 인간의 이러한 고민을 반영하여 절대자와 관계를 어떻게 설정하고 절대자 역할이 무엇인가를 성찰하는 것이라 볼 수 있다.

다종교는 한국의 여러 가지 사회현상 중 하나다. 사실, 인간의 삶의 자리를 그냥 좋고 나쁨의 이분법으로 구분하여 종교 간 대화를 하지 않는 배타적인 자세는 우리 사회의 큰 병이다. 이러한 병을 어떻게 고칠 수 있겠는가, 이것이 내가 품은 질문이고 이 책에 흐르는 주제와도 관련이 있다. 병을 고치려면 먼저 내게 병이 있는 줄 알아야 하는데 그저 없다고 하니 고칠 길이 막연하다. 오히려 아픈 사람이 멀쩡

한 사람을 환자 취급을 하니 상황은 매우 심각하다. 자신을 돌아보고 스스로 채찍질을 해야 하는데 다른 사람들에게 채찍질을 가해야 한다고 우기고 있는 꼴이다.

예수가 실천한 삶은 철저히 하느님 사랑, 이웃 사랑이었다. 그렇게 할 때, 거기에 자기 사랑이 있다. 다시 말하면, 이 세 가지 사랑은 서로 연결되어 있어 어느 하나라도 무시하면 온전한 사랑이 될 수 없다. 함께 살아야 하는 공간에 속한 사람에게는 그 사람의 종교가 무엇이든 근본적으로 물어야 할 것이 있다. 바로 인간으로서 세상과 어떻게 관계를 맺으며 살 것인가, 이웃과 원수를 어떻게 정의하고 살 것인가이다. 이것을 하기 위해 하느님 사랑이 들어오는 것이다. 이 세상의 삶을 무시하는 하느님 사랑은 없다. 원수를 사랑하지 않는 이웃 사랑은 없다. 이웃 사랑 없는 자기 사랑은 없다.

나는 감히 바란다. 전통을 사수하는 것도 중요하지만 사수해야 할 가치가 있는지 진지하게 고민하고 분석하고 비판할 수 있는 능력을 쌓아서 새로운 패러다임을 만들자. 이러한 것에는 물론 위험이 따른다. 하느님 사랑, 이웃 사랑, 자기 사랑, 원수 사랑을 하나로 묶는 새로운 패러다임을 만들어내고 이를 실천하려면 반드시 저항에 부딪힌다. 기득권자들은 예나 이제나 언제든 이를 반대하기 때문이다. 예수의 당시 사회 모습을 떠올리고 우리 시대를 맞대어보라. 바뀐 것은 무엇이고 멈춰선 것은 무엇인가?

아무쪼록 필자는 한국 사회의 비평적인 기능을 종교가 회복하기를 바란다. 그 속에서 성장하는 젊은이들이 건전한 인문교육 전통을 살리고 이어가기를 소망한다. 필자가 믿는 것은 삶이 정치며 종교라는 것이다. 거기엔 이분법이 적용되지 않는다. 고인 물은 썩듯이 늘 새롭게 멀리멀리 흘러가는 강물이 한국 사회에 넘쳐나길 기대하면서 이 책을 낸다. 이것이 나에게는 한국을 향한 사랑과 책임의 표시이다. 필자의 작은 글들을 통하여 평소 답을 내리지 못하고 넘어갔던 문제나 아니면 다루기 힘들었던 주제를 되짚어보는 계기가 됐으면 좋겠다.

동양과 서양이 소통하고, 신학이 세상과 소통하고, 종교가 종교끼리 소통하고, 인간이 서로 소통하고, 자신과 자신이 소통하는 그런 삶을 나는 늘 사랑한다. 내 수업시간에는 책뿐만 아니라 학생들의 삶도 귀중한 교재다. 학생들의 삶의 다양성과 복잡성 때문에 서로 눈과 귀를 열고 겸허한 마음으로 배우는 것이다. 서로의 이야기에 귀기울이다 보면 우리가 사는 세상이 넓고도 깊다는 사실을 깨닫게 된다. 그래서 때로 나는 스스로 부끄럼을 느낄 때도 있다. 성서 내용은 상대적으로 많이 알지만 한국 역사는 얼마나 아는가? 내가 경험한 생활문화와 가치를 얼마나 소중하게 여기는가? 이런 자책 때문에 나는 의도적으로 내가 누구인가를 늘 생각하게 되고, 그런 자기 정체성에 대한 질문과 사색은 강의를 더욱 풍부하게 한다.

결국은 성서를 얼마나 아는가가 중요한 게 아니고 성서의 내용을 어떻게 해석하고 비평하고 그것을 나의 문화·정치·사회와 연결할 수 있는지가 중요한 것이다. 드라마 〈대조영〉을 보면서 〈대조영〉의 인물들을 성서의 인물들과 비교해볼 수 있는 안목과 여유를 갖는 것이 중요하다는 말이다. 성서와 신학을 이야기할 때 그것은 결국 삶을 이야기하는 것이다. 그 삶에는 모든 영역이 접촉하고 있다. 그러므로 우리가 생각하는 모든 것이 성서와 신학 속에 포함되어 거론되고 토의되어야 한다는 게 필자의 주장이다. 이런 맥락에서 이 책에 나오는 글들은 광범위한 주제 같지만 결국 묶으면 삶에 대한 이야기다. 그 삶을 풍성하게 하려면 필요한 게 무엇인가를 고민하는 것이다. 왜냐하면 사람에게 삶이라는 범주와 이해가 서로 다르며, 풍성하게 한다는 의미도 사람과 전통에 따라서 다르기 때문이다. 중요한 건 그러한 걸 매우 비평적 눈으로 곱씹어 보는 것이다. 어떤 것을 무비판적으로 수용하거나 강요하는 건 바로 인간이기를 거부하는 것 외에 다름 아니다. 내가 여기서 무엇을 확신한다고 하는 것이 아니다. 단지 내가 생각하는 삶의 이야기를 나누고자 함이며 독자들은 이에 대해 나름대로 또 다른 비평과 도전을 스스로에게 해보길 바란다.

책을 한 권 내는 것은 분량이 많고 적음을 떠나서 용기가 필요하다. 용기가 없으면 아무 일도 못한다. 용기가 있을 때 일을 추진할수는 있지만 일의 과정과 결과에 대해 항상 책임을 느낀다. 이 작은 책은 미숙한 부분이 많다. 그러나 현재 내가 살아가는 삶이라는 공간과 시점에서 나누고 싶은 것을 거침없이 썼다. 내 생각의 폭과 깊이도 이 책에서 머물지 않고 계속 진화해 나갈 것이다. 서투른 표현 하나하나보다는 이 책에서 말하고자 하는 바가 과연 무엇일까를 함께 고민해주었으면 좋겠다. 한국 사회가 발전하려면 무엇보다도 근본적으로 우리의 소프트웨어 즉 생각, 정신, 문화가 바뀌어야 한다. 거기에는 종교가 무엇이고 어떻게 해야 하는가가 함께 들어가 있다. 부디 이 작은 책 하나가 독자의 깊은 내면과 대화할 수 있기를 바라는 마음이다.

이 책은 서론과 3부로 구성했다. 서론과 1부에서는 문화 비평적 해석을 위한 준비 작업을 한다. 해석에 대한 이론과 배경, 오해 등을 다룬다. 즉, 문화 비평적 성서 해석이란 무엇인가? 성서와 하느님의 말씀은 같은가? 기독교는 어떻게 시작되었는가? 신학이란 무엇인가? 왜 성서를 읽는가? 등의 주제를 다룬다. 그리고 마지막으로 이러한 성서 해석은 현대적 성서 해석학에서 어떠한 의의를 지니는지 살펴볼 것이다. 2부에서는 이러한 비평적 시각에서 성서에 나타나는 중요한 이야기들을 다시 읽어볼 것이다. 대부분의 이야기가 전통적 해석과는 다르게 읽힌다. 독자는 왜 이렇게 다르게 읽히는가 질문하며 스스로 답하는 시간이 될 것이다. 2부에 실린 각 글들은 매우 짧은 형태로 중요한 본질만 말하고 상세한 토의를 하지는 않는다. 독자의 이해를 도우려 장황한 논술적인 형태를 지양하고 논지를 쉽게 전달하고자 하였다. 각 글들이 향후 상세한 탐구를 하게 하는 촉매가 되기를 바란다. 3부에서는 문화 비평적 성서 해석과 오늘의 당면 과제라는 주제하에 우리가 살아가는 세상, 인간상 그리고 변화에 대해 짚어보고자 한다. 성서를 읽는다는 것은 현재 우리의 삶을 읽는 것과 관련되어 있다. 예를 들면, 세상을 어떻게 볼 것인가? 바람직한 인간상은 무엇인가? 바람직한 인간 변화는 어떤 모습일까? 등을 다룬다.

감사의 인사를 덧붙인다. 이 책을 출판할 수 있도록 격려해주시고 추천해주신 제3시대그리스도교연구소 김진호 선생님과 부족한 글을 편집해주시고 출판을 허락하신 동연출판사의 김영호 사장님, 편집을 맡아 수고해주시고 여러 가지 좋은 제안을 해주신 조영균 편집장님께 깊이 고개를 숙인다.

2014년 11월 버지니아에서

김영석

| 차례 |

3부 문화 비평적 성서 해석과 오늘의 당면 과제

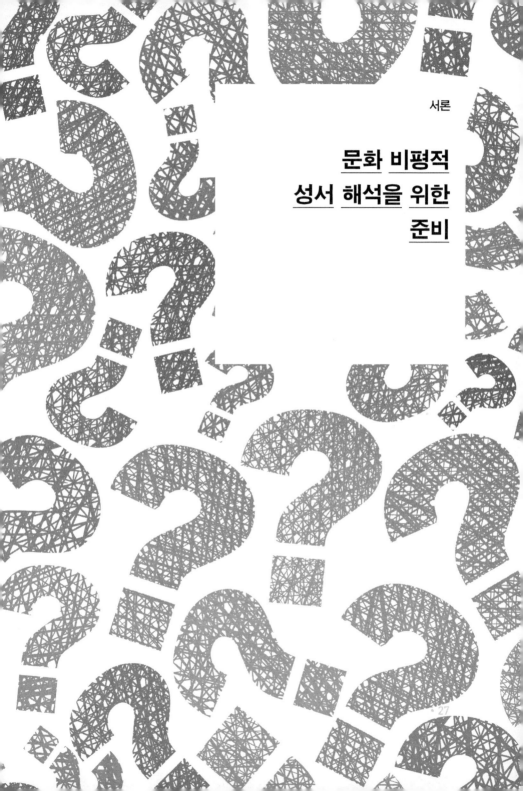

문화 비평적
성서 해석을 위한
준비

문화 비평적
성서 해석이란

문화 비평적 성서 해석이 무엇인지 이야기하려면 성서가 무엇인지부터 정의해야 한다. 성서는 역사, 문화, 종교가 어우러져 만들어낸 산물이며 다양한 문화와 공동체의 경험을 통해 생산된 문학작품이다. 성서는 한 권의 책이 아니며 약 1천 년 이상의 시간을 거쳐서 기록된 다양한 장르의 책들을 모은 것이다. 읽기에 따라서 통일되게 읽을 수도 있으나 결코 하나의 통일된 이야기를 하는 책은 아니다. 그럼에도 꾸준히 하나의 이야기로 읽혀왔다. 히브리 성서(흔히 구약성서라고 함)는 기본적으로 이스라엘 역사를 다루는 부분과 그 역사를 주석하고 평가하는 나머지 부분으로 구성되어 있다 해도 과언이 아니다.

　이 관점은 최근 출간된 요람 하조니(Yoram Hazony)의 책 『희브리 성서의 철학』(*The Philosophy of Hebrew Scripture*, Cambridge University Press, 2012)에서도 나타난다. 이런 분류는 전통적인 학자들의 분류와 사뭇 다르다. 그렇기에 매우 흥미롭다. 전통적인 분류는 토라(모세오경), 느비임(선지서), 케투빔(기타 모든 저작: 지혜서, 시가서 등)이다. 그래서 유대인들은 히브리 성서를 타나크(TaNaKh)라 부른다(Torah, Neviim, Ketuvim 의 첫 자를 따서 TaNaKh가 된 것). 그러나 하조니는 토라를 포함하여 여호수아, 사사기, 사무엘상·하, 역대기상·하를 합쳐서 하나의 긴 이스라엘 이야기로 읽어야 한다고 주장한다. 즉 다윗이 죽고 솔로몬이 통치하며 남 유다와 북 이스라엘로 나뉘고 결국 양쪽 다 앗시리아와 바빌론에 멸망당하는 역사까지이다.

이런 논점에 일리가 있는 것은 히브리 성서의 집대성은 바로 유다의 멸망과 성전 파괴, 바빌론 포로라는 극한의 경험을 거쳐 이루어졌기 때문이다. 즉 이런 긴 이야기는 포로기의 작품이며 포로기의 관점에서 과거 역사와 전통을 새롭게 조명한 것이다. 이러한 새로운 역사 조명과 기술은 제사장 그룹의 득세와 관련이 있다. 이들이 신명기 학파의 전통(북방 이스라엘 발원), 야훼 전통(남방 유다 발원으로 추정되는 종교 전통)과 엘로힘 전통(북방 이스라엘 발원)을 묶어서 제사장의 관점으로 재서술한 것이다.

제사장 관점을 요약하면 이렇다. 이스라엘이 남북으로 나뉘고 패망한 것은 야훼를 섬기지 않고 그 율법을 준수하지 않았기 때문이다. 그러므로 무엇보다 중요한 것은 성전을 건축해 예식을 철저히 하고, 우상과 다른 신을 타파하고 야훼 중심, 예루살렘 성전 중심, 율법 중심으로 돌아가야 한다는 것이다. 그런 관점은 신명기에 아주 잘 나타나 있고, 성전 중심의 생활은 레위기에 잘 나타나 있다.

하조니에 따르면 열왕기상·하 이후의 모든 글, 특히 선지서와 시가서 등은 이스라엘 역사에 대한 주석이라 한다. 선지자들은 기본적으로 이스라엘 역사의 시작과 과정을 야훼 중심에 두고 신명기 학파의 관점을 재생하려고 한다. 신명기 학파의 관점이란 모세 율법과 언약으로 돌아가고자 하는 것이며 야훼와 이스라엘 성전 중심을 강조하며 일종의 권선징악 사상을 따르고 있다. 즉 율법을 준수하면 자손 대대로 복을 받고 그렇지 아니하면 대대로 벌을 받는다는 것이다. 이사야, 엘리야, 아모스 등 선지자들은 이런 관점에서 이스라엘과 유다의 폭정과 불의를 고발하며 야훼를 대변한다. 이 과정에서 이들은 전통적인 이스라엘 관점(예: 토라에 나타난 것)을 수정하기도 한다. 예를 들면, 신명기 학파 관점에서는 상벌이 후대로 계승된다고 하는 데 반해 에스겔은 상벌은 그 개인 책임이라고 한다. 크고 작은 관점의 차이는 여러 군데서 나타난다. 그러나 전반적으로 보면 전통적인 이스라엘 역사를 옹호하는 견해인 것은 분명하다.

하조니의 분석이 그런대로 타당하다는 이유는 성서를 하나의 긴 역사 이야기와 그에 대한 반응으로 읽어야 한다는 거시적 틀을 제시했다는 점 때문이다. 하지만, 문화 비평적 성서 해석 관점에서 보면 이 또한 문제가 있다.

성서를 하나의 이야기로 읽는다 하더라도 그것은 절대적·보편적인 가치 기준을 제시한다고 볼 수 없다. 하나의 이야기는 하나의 관점일 뿐이다. 이스라엘 자체의 경험만으로 보아도 그 공동체 안에는 다양한 종족과 문화, 다양한 계층의 사람들이 존재했을 것이다. 그러니 다양한 사람들의 경험이 기록으로 남지 않았고 이 하나의 이야기에 반영되지 않았기에 위에서 말한 하나의 이야기라는 것이 하나의 관점일 뿐이라는 논리가 성립한다. 또한 다른 민족의 관점, 예를 들어 가나안의 관점에서 보면 위에서 말한 이스라엘의 이야기는 하나의 그들 이야기일 뿐이다. 어느 경우든 하나의 이야기는 하나의 관점일 뿐이지 절대적이고 유일한 관점일 수 없다. 결과적으로 문화 비평적 관점에서 보면, 이스라엘의 이야기를 있는 그대로 맹목적으로 받아들이기 어렵다.

예를 들면, 모세가 애굽에서 홍해를 거쳐 히브리 노예 백성을 구했다는 이야기가 사실일까? 어떻게 이런 이야기가 가능하게 되었는가를 따져보아야 할 것이다. 부풀린 이야기이지만 그 기원에는 분명 히브리 노예의 탈출이 있었다. 사실, 히브리 성서에 기록된 것은 홍해(Red Sea)가 아니고 얌 숲(yam suph), 즉 갈대 바다(sea of reeds)란 뜻의 지명이다(오늘날의 아카바 만이라 한다). 홍해가 아니고 갈대 바다를 건넜다는 것이다. 출애굽기에 나타난 기록이 정확하냐 아니냐를 따지는 것은 의미 없을 수도 있다. 왜냐하면 애굽 탈출이라는 이야기 속에서 읽어야 하는 핵심은 고난받는 사람들을 향한 야훼의 은혜이기 때문이다. 어떤 학자는 소규모의 히브리 노예 탈출이 그 옛날에 있었고 그들은 야훼를 믿고 생명을 걸고 탈출을 결행했으며, 구사일생으로 성공했다고 주장한다. 그 성공담이 그들의 신앙 고백적 경험의 이야기가 되었다, 그들은 감사했다, 모든 일의 배후에는 야훼가 있다고. 이런 초창기 경험의 이야기가 시대를 거치면서 민족 역사에 장엄하게 등장한다고 보는 것이다. 우리는 진위를 알 길이 없다. 냉철한 이성의 잣대에 비추어 보면 출애굽의 기술과 탈출 숫자 등은 과장된 것임에는 틀림없다. 이야기를 액면 그대로 다 받아들이기 어려우며, 문화 비평적 잣대로 성서 본문을 해석해야 하는 이유가 이것이다.

　　다른 예를 들면, 여호수아가 야훼의 명령으로 가나안 정벌을 감행하며 무차별 살육 전쟁을 펼친 이야기를 어떻게 읽어야 할까? 단지 불편한 진실일까? 문화 비평적, 역사적 관점에서 보면 이것도 합리적인 비평의 칼날을 피하긴 어렵다. 정복의 역사라는 것은 결국 이스라엘의 관점에서 기술한 이야기이므로 절대화하거나 보편화해선 안 된다. 현대에도 일부 사람들은 신의 이름으로 다른 나라를 침공하기도 한다. 이것이 과연 신이 하는 일인가? 아니면 신을 빙자하여 감행하는 인간의 이야기인가?

　　이러한 문제 때문에 문화 비평적 성서 해석이 필요하며, 문화 비평적 관점으로 본문을 이해하려면 몇 가지 유의 사항이 있다.

첫째, 성서와 하느님은 다르다는 전제를 깔아야 한다. 성서에 기술된 하느님과 실제의 하느님(어떻게 이해하든)과는 같지 않다. 이에 동의하지 않는 사람은 성서의 이름으로 남을 해칠 수도 있다. 맹목적 성서주의(Biblicism)보다 더 위험한 것이 있을까 싶다. 히브리 성서의 경우, 히브리 혹은 이스라엘 사람들의 특별한 종교경험에 바탕하였지만 유의할 만한 훌륭한 것들도 많이 있다. 그 속에서 우리는 사랑과 공의의 하느님을 발견한다. 하지만 인간 사고의 한계와 기록된 언어의 한계 등으로 굴절된 하느님의 특성이 나타난다. 빛이 물에 굴절되듯이 비록 좋은 하늘의 뜻이라 하더라도 세상에 나타날 때 굴절된다. 올바로 해석하기란 모래사장에서 보석을 찾는 것만큼 어렵다. 그러므로 부단한 연구와 고민으로 감추인 뜻을 풀어야 한다.

둘째, 어떤 이야기가 보편적 가치 기준에 맞지 않으면(가나안 정복이 좋은 예다), 그것을 억지로 수용해선 안 되고 비평의 잣대를 대어 평가해야 한다. 당시 역사적 상황을 점검하고 그런 이야기가 필요했던 정황과 요구를 밝혀내는 데 노력해야 한다. 그럼으로써 우리는 역사를 통해 교훈을 얻고 비극은 줄이고 모범이 되는 일은 계승·발전시키는 것이다. 노예제도가 고대사회에 성행했고 히브리 성서에서도 당연시하고 있다고 해서 그것을 오늘날 받아들이는 사람은 거의 없다. 왜 그런가? 이미 현대인들은 민주주의와 인권이라는 보편적 가치를 기준으로 문화 비평적 성서 해석을 은연중에 하고 있기 때문이다. 문화 비평적 성서 해석이란 단어를 쓰지 않을 뿐이다. 여성에 대한 문제도 마찬가지다. 성서가 가부장적 사회 관점을 반영한다고 해서 그것이 신의 뜻인 양 이 시대에도 실천한다면 문화 비평적 시각이 없는 사람이다. 그러나 오늘날 많은 기독교인은 가정과 교회, 사회에서 여성의 리더십을 인정하고 장려한다. 그런 사람들은 여성 차별 내용이 나오는 텍스트를 비평한다. 그것이 바로 문화 비평이다.

이와 같이 문화 비평적 해석의 입장은 전체 이야기를 비평하기도 하지만 (앞서 언급했듯이) 개별 전통의 특성과 한계 역시 비평해야 한다. 예를 들면, 야훼 혁명가들의 신학(다른 신들 중 야훼만 섬겨야 한다고 하는 전통)이 왜 나왔으며 정치적으로 어떻게 이용됐는지 살펴보아야 한다. 또한 하나의 이야기 속에 숨어 있는 압제당한 수많은 백성의 삶을 읽어야 한다. 정치·종교적 경쟁 속에서 지배층이 어떻게 대응했고, 사회·경제 자원을 이용하고 종교를 조직화했는지도 유심히 보아야 한다. 달리 말하면, 개체가 없는 전체는 없다. 긴 이스라엘 역사는 하나의 역사가 수많은 개체 역사와 충돌·갈등·경쟁하며 빚어낸 것이며, 비록 그런 개체의 이야기가 전체 이야기 서술에 충분히 녹아 있지 않다고 해서 개체가 없었던 것처럼 읽어선 곤란하다. 그래서 문화 비평적 해석이 중요하다.

신약성서도 그 성격이 다르지 않다. 신약성서도 문화적 산물이다. 문화 산물이라 할 때 그것은 종교 경전의 의미를 박탈하는 개념이 아니고 인간의 굴절되는 언어, 환경의 지배를 받아 탄생한 소산물이라 보는 것이다. 모래 속에서 진주를 찾는 심정으로 성서를 읽어야 한다는 것이다.

지금까지 내용을 요약해본다. 문화 비평적 성서 해석 관점으로 볼 때 성서는 경전이지만 인간의 문화를 반영하는 것이므로 다양한 형태의 문화와 사상이 녹아 있다. 그러므로 문화라는 옷을 살펴보지 않고 성서를 해석하는 건 유치한 것이며 매우 위험하다. 비유하자면 독을 빼지 않고 복어를 먹는 것과 같다.

문화 비평적
성서 해석의 계보

문화 비평적 성서 해석이라고 정형화되어 있는 것은 없다. 큰 계보로
본다면 현대 성서 해석학에서 역사 비평적 계보를 이으면서도 그것을
비판하는 쪽에 속한다. 서구의 전통적 해석은 주로 역사 비평적 입장이
었다. 이는 성서의 역사적 배경과 저자, 공동체 등을 분석하는 것에 그
치며 그것이 오늘날 우리에게 어떤 의미를 주는가를 등한시하는 경향
이 있었다. 그래서 학문과 교회, 혹은 사회와 괴리되기도 했다. 또한, 그
들은 "객관적" 역사라는 틀에 매여 본문을 재구성하다보니 역사의 단면
만 보거나 역사의 의미를 축소하기도 했다. 즉, "객관"이란 이름으로 주
관적 관점을 독자에게 관철시키는 경우라 할 것이다. 역사 비평 해석이
한계가 드러나면서 보완된 것이 성서 본문과 본문에 나타난 사회를 입

체적으로 분석하는 사회학적 비평이다. 사회학적 비평은 특정 시대 사회와 공동체의 다면적 문제와 삶을 이해하는 데 도움이 되었다. 하지만 이것도 역시 성서 본문의 과거를 조명한다는 측면에선 역사 비평과 맥을 같이한다. 즉, 독자의 특별한 역할이 없다. 독자는 다만 숙달된 전문가여야 한다.

　　　이런 역사 비평에 맞선 것이 문학 비평과 해석이다. 영화를 감상하거나 소설을 읽듯이 성서를 하나의 문학작품, 예술작품으로 읽어내는 방법이다. 본문의 저자와 역사적 상황에 중점을 두는 역사 비평이 아니라 본문 자체가 구성하는 내면적 세계, 이야기에 중심을 둠으로 그 이야기가 가져다주는 감동, 지식, 도전을 포착하고자 하는 것이다. 이런 읽기는 당연히 교회와 보수학계에서 큰 인기를 끌었다. 이런 읽기는 성서 본문을 역사라는 틀에서 해방시키고 이야기의 힘으로 독자들에게 감동을 준다는 면에서 장점이 있다. 그러나 단점도 상존한다. 성서 본문의 역사에 대한 진지한 고민이 없고 성서 이야기를 역사적 사실과 동일시해버린다는 것이다. 이것이 가장 치명적인 약점이다. 감동만 있으면 되는가? 그 감동의 이야기가 만약 역사적 사실에 부합하지 않는 것이라면 어떻게 되는가?

　　　이런 문제를 극복하고자 제시된 것이 독자 반응 중심 읽기다. 즉, 모든 본문은 그것을 읽는 독자 없이 해석할 수 없다는 전제에서 출발한다. 나아가 독자의 적극적인 역할을 강조한다. 사실, 성서 본문을 읽으면 거기에는 매끄럽게 연결되지 않는 구멍(lacuna)들이 있으며 이것을 독자가 메워 가면서 읽어야 한다. 여기서 더 나아간 것이 페미니즘 성서 읽기다. 남성적으로 읽히고 남성적 경험으로 기록된 성서 본문을 여성의 관점에서 비판하는 것이다. 여타 사회정의와 소수자의 인권을 강조하는 해방적 성서 읽기도 비슷한 맥락에서 이해할 수 있다.

마지막으로, 위의 독자 중심 성서 읽기와 정확한 구분은 되지 않겠지만 포스트콜로니얼리즘과 포스트모더니즘에 입각한 성서 읽기가 있다. 전자는 주로 제국주의나 식민지의 경험과 그에 따른 갖가지 문제의식을 바탕으로 성서 본문을 마주하며 오늘의 문제를 따진다. 여기에 포함되는 주제는 실로 복잡하고 다양하다. 정치경제 문제로부터 개인의 정체성과 인권문제까지. 후자도 너무 넓고 복잡한 개념이라 여기서 논할 수는 없지만 간단히 말하면 모더니즘에 대한 비판을 하면서 새로운 가치와 질서를 추구하는 것이다. 단일성이나 하나의 문화, 하나의 이야기, 하나의 의미를 떠나서 다수의 문화, 이야기, 경험 등을 강조하며 그런 견지에서 본문을 읽으며 비평한다.

필자는 이러한 모든 해석 방법이 유용하다고 생각한다. 그러나 어느 한 가지만 고집하며 다른 것을 부정하거나 무시해선 안 된다. 필자가 말하는 문화 비평적 성서 해석은 주로 역사 비평, 사회 비평, 문학 비평, 독자 비평, 포스트콜로니얼리즘과 포스트모더니즘 비평을 포괄하는 것이다. 문화 비평적 성서 해석에 대한 계보를 군이 꼽으라면

필자의 스승이기도 한 밴더빌트 대학교(Vanderbilt University) 페르디난
도 세고비아(Ferdinando Segovia) 교수가 선구자가 아닐까 한다. 세고비
아 교수는 성서를 역사적·문화적 산물로 읽을 뿐만 아니라 그것을 읽
는 독자의 비판의식과 공동체 문화적 태도가 중요하다고 여긴다. 다시
말하면 성서 해석이란 것은 어떤 고정된 의미를 발견하는 게 아니라
본문과 독자 사이에 비평적이고 종합적인 대화를 하는 것이며 이를 통
해 독자의 현재의 삶, 그가 속한 공동체의 발전과 이익, 더 나아가 인류
의 공존 번영에 목표를 두는 것이다. 이런 성서 해석에는 몇 가지 노력
이 필요하다. 역사적·사회적·문화적 산물로서의 성서를 가감 없이 읽
어야 하고 아울러 독자가 속한 공동체와 자신에 대한 분석을 해야 한
다. 특정한 시대, 특정한 사회에 속한 개인의 정체성을 질문하는 것이
중요하다.

문화 비평적
관점으로 본 신약성서

신약성서 27권이 완성된 것은 대개 4-5세기경으로 추정된다. 예수 이후 적어도 300년 이상이 흘렀을 즈음이다. 4-5세기 전까지 공동체별, 지역별로 그들이 주로 사용하는 책(복음서든 바울의 편지든)이 달랐다. 300년 이상 다양한 전통과 기록이 있었고, 초대 기독교는 결코 하나로 완성되어 통일된 모습이 아니었다. 통일된 기독교는 4-5세기 경전이 완성되는 시점과 맞물려 있고, 또한 정치적 요구와 관련이 있다. 콘스탄틴 황제가 기독교를 공인하면서 이념적 통일성과 단일성이 요구되고 강조되었던 것이다. 하나의 종교, 하나의 경전, 하나의 제국, 하나의 황제, 이런 것들이 서로 어울렸기 때문이다.

경전이 완성되기 전 무슨 일이 있었을까? 300년 이상의 시간을 간단히 종합하면 이렇다. 그것은 '예수가 누구인가'라는 주제의 기독론 논쟁이다. 네 개의 그룹이 서로 다르게 이해했다. 첫 번째 그룹은 예수와 가장 가까운 시대, 가까운 지역의 유대교 전통에 입각한 메시아 이해이다. 즉 예수는 유대적인 메시아며, 그는 인간 메시아, 하느님의 아들로서 하느님의 뜻을 보여주고 이 땅에 하느님의 나라를 선포했다는 것이다. 유대교적 전통(히브리 성서)에서 메시아는 기름부음 받은 자로서 인간이다(왕, 제사장, 선지자). 신이어야 할 이유도 없고 인간 메시아로 충분하다. 예수는 세례를 통하여 하느님의 인치심을 받고 아들로서 갈 길을 간 것이며, 그에 대한 이야기가 어느 정도 투영된 것이 마태복음이다. 마태복음을 보면 예수는 하느님의 의를 강조하고 하느님의 율법을 바로 지키는 것이 중요하다고 설파한다. 율법을 폐하러 온 것이 아니고 완성한다는 의미가 바로 그것이다. 이들 초기 유대인 예수 추종자들은 유대교적 메시아 사상을 바탕으로 히브리 성서를 읽었다.

두 번째 그룹은 마르시온(Marcion)과 그를 따르는 무리이다. 그는 철저히 반유대적인 인물이었다. 이 그룹은 히브리 성서를 부정하고 거기 나타나는 하느님은 야만적 유대인의 하느님일 뿐이라고 여기며, 예수의 아버지 하느님이 진짜 하느님이며 이는 히브리 성서의 하느님이 아니라고 주장한다. 그리고 예수를 완전한 신이라고 보았다. 마르시온은 이런 관점을 널리 퍼트리려고 경전 목록을 만들었는데 바울서신과 누가복음을 위주로 편집했다. 유대교 냄새가 희석된 책들을 선호

했기 때문이다. 물론 이것은 그의 견해일 뿐 바울서신이 반유대적인 것은 아니다. 이것은 중요한 논쟁이므로 뒷부분에서 다시 논의할 것이다. 유대교 관점과 이방인 관점의 충돌은 4복음서와 바울서신에 여러 가지로 복잡하게 녹아 있다. 마르시온의 경전화 작업 때문에 이를 반대하는 사람들도 경전화 작업을 시작하게 된 것이다.

　　　세 번째 그룹은 영지주의(Gnosticism)의 영향을 받은 무리인데 3세기 이후 매우 활발히 활동했다. 이들은 예수를 인간이 아니며 완전한 신으로서 저 세상의 구원으로 인도하는 천국문이라고 여겼다. 이 땅은 소망이 없는 타락한 곳이고 육체의 삶이란 저주의 상태이므로 완전한 소망은 하루빨리 이 육체를 떠나 저 세상으로 가는 것인데, 그것은 오직 예수를 통해서만 가능하다고 믿은 것이다. 이런 관점으로 요한복음을 읽은 영지주의자들이 있어 요한복음의 경전화가 늦어졌다. 이들은 요한복음에 나타난 예수를 영지주의 관점으로 읽었다. 예수를 저 세상으로 인도하는 천국문, 영적인 관계, 영생을 주는 존재로 해석했다. 하지만 요한복음 전통은 결코 그런 것이 아니다. 요한 전통은(특히 요한서신을 보라) 예수의 인성을 매우 중요시하며 이를 부인하는 자들은 요한공동체를 떠났다. 즉 예수는 철저한 인간이었다는 것을 강조하는 게 요한 전통일진데 요한복음은 결코 영지주의적인 것과는 거리가 가깝지 않다. 영생과 영적 관계 강조의 메시지도 깊이 성찰하면 이분법적인 관점에서 천국을 강조하는 영생이 아니다. 오히려 반대다. 이 땅에서 빛과 생명을 풍성하게 누리게 하려는 게 요한복음의 내용이고 이를 위하여 하느님의 아들 예수가 고초를 겪으며 하늘의 뜻을 순종한 것이다. 영생은 저 세상에서 영원히 사는 것이 아니고 현재의 개념으로, 현재 하느님을 의지하고 그의 길을 따르는 자는 영원한 삶을 이미 시작했다는 게 요한의 관점이다. 그런데 우리 시대에도 영지주의적 색깔로 요한복음의 영생과 구원을 덧칠하는 자들이 많다.

마지막은 원시 정통주의(Proto-Orthodoxy) 무리인데 이들이 후에 정통주의자들이 되어 기독교의 주류가 되었다. 이들은 예수가 완전한 신이자 완전한 인간이라고 주장한다. 유대 전통 기독론과 영지주의 기독론을 절충한 것이다. 역사적으로 보면 이 정통 그룹이 힘을 얻기 전까지는 유대 전통 기독론(예수는 유대적 메시아, 완전한 인간)이 우세했다. 그런데 정치적·사회적 영향으로 이 절충안이 힘을 얻게 되면서 기독교는 교조적으로 변모하기 시작한다. 이런 일련의 활동의 종착역이 4세기 니케아 신경(Nicene Creed)이며 이를 통해 삼위일체설이 확립되는 역사적 계기를 마련하게 된다.

이 네 그룹의 관점이 신약성서에 녹아 있지만 마르시온과 영지주의 관점은 거의 배제됐다. 유대교 관점의 예수는 4복음서와 초기 바울서신(바울이 썼다고 보는 일곱 개 서신서: 데살로니가전서, 고린도전·후서, 갈라디아서, 빌립보서, 빌레몬서, 로마서)에 잘 나타나 있다. 원시 정통주의 관점은 후기 바울서신(바울이 쓴 것이 아니라고 봄: 주로 에베소서, 골로새서, 디모데전·후서, 디도서)에 많이 반영되어 있다. 그러니, 문화 비평적 성서 해석의 잣대를 대면 이들 네 그룹을 동일선상에 놓고 분석하고 비평해야 할 것이다.

이제 신약성서의 내용으로 이야기해보자. 신약성서는 예수에 대한 이야기이자 기독교 공동체들의 예수 이야기다. 정확히 말하면 예수의 이야기가 녹아 있지만 예수를 이해한 종교경험은 예수의 것이 아니고 후대 공동체들의 것이다. 신약성서를 통해 예수를 아는 게 불가능하다고 주장하는 사람이 있는 것도 바로 이런 이유다. 이들은 역사적 예수와 신약에 나타난 예수(비록 한 가지 모습은 아닐지라도)가 근본적으로 다르다고 말한다. 신약 기록(복음서, 서신서, 묵시록)은 기독교 공동체들의 다양한 예수 경험과 이해를 기술한 것이다. 이들 공동체들의 이야기가 서로 다른 것처럼 기록물에서도 그들의 다른 관점이 나타난다. 4복음서를 비교해보면 비슷하면서도 다른 게 그런 연유에서다. 그러므로 문화 비평적 성서 해석의 관점으로 이들의 다른 점을 감안하여 이들 각각의 공동체의 삶과 신학, 문화를 살펴보고 비평할 필요가 있다. 어떠한 글도 하늘에서 떨어진 것이 아닐진데 글의 동기, 목적, 정황 등을 따져야 한다. 이들에게서 배울 것은 배우고, 버릴 것은 버리는 교훈을 삼아야 한다. 신약성서가 초기 기독교 공동체들의 다양한 경험의 산물이라면 역사적 실제 예수와 거리가 있는 것은 피할 수 없다. 결국 역사적 예수 탐구라는 주제는 난관에 봉착할 수밖에 없다. 하지만 그 중요성은 이루 말할 수 없다. 역사적 예수가 누구인가에 대한 이론은 대체로 이렇다: 말세를 외치는 선지자, 위기의 시대에 진리를 가르치는 현자, 유대교 중심의 사회 개혁가.

신약성서를 문화 비평적으로 접근할 때 몇 가지 고려해야 할 사항이 있다. 앞서 히브리 성서에서도 이야기했듯이 신약 전체를 하나의 이야기로 읽어야 하는가, 그것이 가능한가, 바람직한가, 아니면 각각의 글을 따로 읽어야 하는가?

당연히 신약성서는 한 권의 책이 아니다. 27권이 포함되어 있고 글의 성격이나 목적이 다르며, 동일 사건을 다루는데도 다른 관점이 적용되기도 하고 현실 세계를 이해하는 내용이 상충되기도 한다. 예를 들면, 바울은 가능하면 결혼하지 말고 독신으로 살 것을 주문한다. 하지만 후기 바울서신(여러 학자가 바울이 쓴 것이 아니라고 여긴다)으로 가면 결혼은 여자의 의무이자 구원이라 한다(디모데전서 2:11-15). 초기 서신들을 보면 바울은 여자가 공동체 안에서 동등하다는 논지를 펼친다(갈라디아서 3:27). 그러나 후기 서신서에서 여자는 남자에 순종해야 하고 남자를 가르쳐서도 안 되며, 교회에서 잠잠해야 하고 이는 하느님이 만드신 질서의 법이라고 주장한다(디모데전서 2:11-15). 또, 바울은 (비록 긍정적이라 하더라도) 세상이 곧 종말을 맞는다고 생각했으나, 후기 서신서로 가면 이 세상은 영원히 존속되는 듯이 그려지며 이 세상에서 자식 낳고 하늘의 뜻을 이뤄가야 하는 것으로 말한다. 이런 차이는 이루 말할 수 없이 많다. 중요한 것은 다르기 때문에 책을 덮어버릴 게 아니라 차이가 나는 배경과 문제점을 알아내고 그것으로부터 교훈을 삼는 것이다. 이것이 문화 비평적 성서 해석이다.

여기서 한 가지 유의할 점은 성서에 쓰였기 때문에 무조건 따라야 하는 정언명령이 아니고 왜 그런가를 따져야 한다는 것이다. 그것은 바로 오늘의 독자가 해야 할 몫이다. 그러므로 문화 비평인 관점은 본문의 역사적 정황과 문제점을 지적함과 동시에 그에 대한 입장을 밝혀야 한다. 본문의 의미를 따지는 정도에 그치는 것이 아니라 오늘 우리에게 맞닿는 의미가 무엇인지를 발견해야 한다. 그런 의미에서 보면 포스트모던적인 관점에 서 있고 비평의 각으로 보면 포스트콜로니얼리즘과 페미니즘을 닮아 있다.

그 다음으로 고려해야 할 것은 신약성서와 히브리 성서와의 관계적인 측면에서 신약성서를 어떻게 읽을 것인가이다. 신약(new covenant)이란 개념은 예레미야서 34장에 이미 나오는바, 하느님이 이스라엘과 유다와 새롭게 언약을 맺겠다는 것이다. 즉 하늘의 법을 사람의 마음에 새기겠다는 것이다. 모세의 계명과 계약을 갱신하며 미래의 이스라엘 자손과 친밀한 언약의 관계를 확인하는 것인바, 기독교의 신약 개념과는 다르다. 그러나 예수를 하늘의 아들과 메시아로 받아들이는 초기 유대교인들의 관점으로 보면 예수는 히브리 성서의 틀 안에서 이해될 수 있다. 왜냐하면 그는 유대인의 메시아로서 하느님을 위해 일하기 때문이다. 마태복음적인 예수 이해라 하겠다. 마태복음 기자는 예수의 의미를 히브리 성서적인 하느님의 계승이며 유대교와 율법의 완성으로 이해했다. 논자에 따라 다르겠지만 요한복음도 마태복음과 같은 논리구조를 띠고 있다. 그러나 누가복음과 사도행전은 좀 다르다. 일면으로는 복음이 유대교에 뿌리를 두지만 유대인들이 예수를 부인했기에 그것은 이방으로 퍼지고 이제 예수는 유대인들의 메시아가 아니라 온 세상의 메시아가 되었다는 논리다. 히브리 성서가 필요하지만 이방 선교에 맞게 재해석되거나 이용되는 측면이 있다. 그러나 히브리서에 나타난 관계는 완전히 다르다. 히브리서 기자는 히브리 성서에 나타난 제사 개념이나 언약을 불완전하다고 보고 예수를 통한 새로운 언약만이 유일한 길이라고 주장한다. 즉 예수의 희생이 유대인들의 성전과 제사를 무용지물로 만들었다는 것이다. 이런 사상은 신약성서 편집과정으로 보면 나중에 나타난다. 적어도 4복음서와 초기 바울서신에는 그런 대체 사상이 없었다.

그 다음으로 고려해야 할 것은 바울서신을 어떻게 자리매김할 것인가이다. 바울을 오해하는 사람들의 견해는 몇 가지로 요약된다.

첫째, 소위 바울서신이라 불리는 열세 개 편지 모두를 바울의 저작으로 보는 견해다. 즉 열세 개 편지를 읽을 때 후기 서신의 신학과 관점으로 전체를 읽는 오류를 범한다. 예를 들면, 바울이 쓰지 않았다고 보는 후기 서신의 경우, 믿음이란 예수를 믿는 것이라고 되어 있다. 이런 눈으로 초기 바울서신을 읽는다. 초기 바울서신에서 '믿음'은 주로 '예수의 믿음'을 강조한다. 즉 바울은 예수를 믿는 믿음이 아니고 하느님의 의를 위하여 몸소 실천한 예수의 신실함, 그의 믿음을 강조한다. 신자의 믿음이란 하느님을 믿고 의지하는 것이다. 물론 여기서 믿음이란 것은 어떤 사실을 믿는 개념이 아니고 신뢰하고 따르는 개념이다. 바울에게 신자의 믿음이란 예수를 본받는 삶이다(예: 고린도전서 4:16; 11:1). 예수의 죽음에 동참하는 것이며, 그것이 바울이 말하는 세례의 개념이다. 예수와 함께 죽는 것이 세례의 개념으로 그가 즐겨 사용하는 메타포(methaphor)이다.

　　둘째, 바울에 대한 오해는 그가 반유대교적이라는 것이다. 이것은 철저한 오해다. 로마서 9-11장이 그에 대해 반증한다. 여기서 바울은 유대교의 하느님은 결국 그의 섭리에 따라 그의 백성 이스라엘을 구원할 것이라 말하고 있다(로마서 11:26). 유대인이 불순종했지만 하느님의 언약과 신실함은 변하지 않을 것이라고 바울은 확신한다. 그러면 바울의 주장은 무엇인가? 예수가 유대인이 기다리던 메시아라는 것, 십자가에 못 박힌 예수가 바로 하느님의 아들이라고 믿는 것, 그것이다. 달리 말하면 바울은 유대적인 복음을 믿는 것이다. 그것은 하느님의 사랑이 유대인뿐만 아니라 모든 사람을 향해 열려 있다 외치는 것이고, 이를 위해 그리스도가 하느님의 의와 사랑을 몸소 드러냈다고 보는 것이다.

바울을 오해하는 셋째 경우는 예수와의 관계이다. 물론 바울은 예수의 제자도 아니었고 직접 만난 적도 없었다. 바울서신의 내용은 생생한 교회 현장 이야기이므로 예수의 행적을 기록한 복음서의 내용과는 당연히 다르다. 그래서 일부 역사 비평가들도 바울의 메시지가 예수와는 사뭇 다르므로, 예수를 배반하고 유대교를 배반한 나쁜 사람으로 간주하기도 한다. 이것 또한 철저한 오해다. 바울은 편지를 썼기에 예수에 대한 전기나 이야기를 쓴 복음서와는 장르가 다르다. 편지에 복음서가 담은 내용이 없다고 해서 바울이 그것에 관심 없다거나 무지하다고 말하기 어렵다. 사실은 바울의 신학적 관심과 예수의 가르침이 상통한다. 하느님 중심과 이웃 사랑. 바울은 로마서 14장에서 이웃 사랑과 원수 사랑을 외치고 갈라디아서에서 율법의 완성이 이웃 사랑이라고 분명하게 말했다. 오히려 나는 바울서신에서 예수의 가르침과 그의 흔적을 강하게 찾아볼 수 있다. 예수는 하느님의 나라를 설파했고 바울은 하느님의 의를 설파했다. 이 둘은 다르지만 내용에서 큰 차이가 없다. 바울이 하느님의 의가 예수를 통해 혁신적으로 나타났다고 믿는 것 외에는 예수와 별 차이가 없다. 오히려 바울이 한 단계 더 나아간 것은 하느님의 의는 유대인을 넘어 온 세상에 나타나야 한다는 것이다. 마찬가지로 하느님의 백성이 모든 사람에게로 확장되는 대전환을 한다. 물론 이것이 바울의 독창적인 생각은 아니지만 그가 혼신을 다하여 노력하는 부분이다.

하느님의 우주적인 통치와 만민 개념은 히브리 성서 여러 곳에 나타난다. 창세기 12장에서 아브라함을 부르고 축복할 때 하느님은 너를 통해 온 세상이 복을 얻게 된다고 하였고, 이사야 선지자는 이스라엘이 세상을 비추는 횃불이 된다고 하였다. 하느님이 우주적이라면 그곳에 거하는 모두가 하늘의 백성이 되어야 하는 것은 당연한 논리 귀결이다. 바울이 유대교를 공격했다면 그 전통이나 성서를 부정한 것이 아니고 우주적 하느님의 사랑을 막는 소국주의, 배타주의를 반박할 것이다. 달리 말하면 바울은 마태복음처럼 율법의 완성을 말하고 예수는 율법의 정신을 잘 보여줬다. 로마서 10장 4절에 그리스도가 율법의 목적, 완성이라 했다. 헬라어 텔로스(telos)를 '종료'로 번역하기도 하지만 여기서는 '이룸'을 의미한다. 즉 바울은 예수에게서 율법의 목적인 사랑과 정의를 찾는다. 예수가 죽기까지 순종하는 헌신과 믿음을 보고 사람들이 그를 따르게 됨으로 결국 하늘의 길로, 의의 길로 돌아가게 된다는 것이다.

문화 비평적 관점으로 신약성서를 논할 때 위와 같은 내용을 고려해야 한다. 신약성서는 결코 한 가지 관점을 말하지 않는다. 또한 사회적인 문제와 해결 방향도 한 가지만을 고집하지 않는다. 예수가 누군가, 그의 죽음의 의미가 무엇인가에 대한 해석도 다양하다. 하느님에 대한 이해도 여러 가지다. 유대교와의 관계도 접점이 많다. 물론 신약성서가 예수에 대한 모든 것을 말하지는 않으며 또 그렇게 할 수도 없다. 그렇기에 비평적인 눈으로 각 문서를 분석하고 따져야 하는 것이다.

요약한다. 문화 비평적 성서 해석이란, 텍스트를 당 시대 역사·사회·문화를 고려하여 의미를 적시하고, 그 적시된 의미에 대해서 우리 시대의 관점으로 평가하는 것이다.

문화 비평적
성서 해석의 지형과 의의

문화 비평적 성서 해석이란 문화연구(Cultural studies)와 성서 해석의 접목이며 그 접목의 방대함과 복잡함은 이루 말할 수가 없다. 문화연구 하나만 보아도 복잡한데 이것을 성서 해석에 접목한다는 것은 더할 나위 없이 복잡하다. '문화연구'라 함은 정의에 따라 다르겠으나 광의로 보면 인간 생활의 전반을 다루는 것인바, 개인과 집단, 정치와 경제, 이념과 문화, 인종과 성, 생활양식과 태도 등 모든 것을 포함한다. 그러니 문화를 무시하고는 어떤 인간 연구도 가능하지 않다. 오늘날 전 세계적으로 각기 다양한 사회계층과 집단, 학문적 전통과 이익에 기반을 한 다양한 문화연구가 진행되고 있다. 국가나 사회의 정치·경제 모순과 압제를 지적하며 개선을 요구하는 탈식민주의 접근, 성의 불균형과 착취, 모순을 지적하며 새로운 인간성을 회복하고자 하는 연구와 운동, 여성의 평등과 균등한 사회참여를 주장하는 여성운동과 연구, 인간의 오만과 남용으로 파괴되는 자연과 환경을 지켜야 한다는 환경보호운동과 연구, 종교적·집단적 이데올로기의 갈등과 전쟁으로 파괴되는 인간의 존엄성을 회복하고자 하는 연구와 평화운동 등이 바로 문화의 생산적 활동들이다. 우리는 크든 작든 끊임없는 변화 속에서 살아가고 바람직한 변화를 지향하며, 개인과 집단이 활동을 하고 있다. 우리의 모든 생각과 행동에는 문화라고 말하는 것이 숨어 있으니, 즉 어떤 이념과 사회체제, 생활양식과 철학, 경제구조와 정치 시스템 등 광의의 문화개념을 무시하고 개인이나 사회를 이해하기 힘들 것이다.

　　　　이러한 문화연구의 근저에는 몇 가지 가정이 있다. 첫째, 문화는 상대적 개념이므로 어떤 한 문화의 우월성을 주장하기 힘들다는 것이다. 역사 경험으로 보면, 강력한 국가는 항상 자기 문화의 우수성을 전파하고 강제로 이식하고자 하였다. 그것이 열강의 식민정책이다. 유럽제국의 약탈과 식민정책은 아직도 치유하지 못할 상처로 여러 식민지였던 국가에 남아 있다. 한 국가나 사회 안에서도 마찬가지다. 문화의 질을 비교로 결정할 수 없다. 문화란 것은 경험하는 사람들의 주관적인 가치에 중점을 두기 때문이다. 둘째, 문화가 주관적인 특성을 지녔다 해도 문화에는 발전이라는 측면이 존재한다. 즉, 집단주의와 독재의 문화는 타파해야 하고 개인의 인권과 자유는 신장해야 하기 때문이다. 반대로 서구의 지극히 개인주의적인 문화에서 탈피하여 건전한 공동체 문화로 회귀하는 걸 문화의 발전이라 할 것이다. 셋째, 문화는 항상 비판과 비평의 대상이 되어야 한다. 여기서 제외되는 대상은 없다. 개인, 국가, 이념, 체제는 동일한 잣대에서 비판과 비평의 칼날이 가해져야 한다. 이것을 부인할 때 폭력과 술수가 난무하게 된다.

위와 같은 문화연구의 정의와 방향을 생각하면서 성서를 읽는다고 생각해보라. 그러면 성서도 하나의 문화적인 산물임을 부인하지 못할 것이다. 성서가 하늘에서 떨어지지 않았다면 모든 기록 내용과 배경에는 그것이 기록된 시대의 문화 그리고 그 내용의 전·후면에 나타난 문화적인 내용이 녹아 있을 것이다. 그 녹아 있는 내용을 예리하게 분석하고 비평하는 것이야말로 독자가 해야 하는 일이다. 구약성서만 보더라도 대략 1천 년 이상의 시간이 들어 있다. 그러니 우리가 따지고 알아야 할 내용, 즉 문화의 내용이 얼마나 방대할 것인가? 이 막대한 내용을 문화연구의 정의와 잣대 속에 넣어본다면 우리는 많은 이야기를 할 수 있을 것이다. 그것이 문화 비평적 성서 해석이다. 이런 점에서 보면 문화 비평적 성서 해석이란 것은 어떤 구체적인 성서 해석 방법론이 아니라 성서 해석 전반에 대한 종합적인 담론이다. 이러한 담론의 근저에는 서구의 합리적 사고방식과 동양의 심성과 문화에 바탕을 둔 공동체 중심, 균형론이 자리하고 있다. 합리적 사고방식은 이성을 바탕으로 접근하는 것이며 동양적 공동체론 내지 균형론은 공존과 통합의 정신을 말하는 것이다. 예를 들면, 유교의 공동체 정신이나 노장사상의 균형과 통합을 들 수 있다. 그러므로 이러한 개념의 성서 해석은 한 시대나 한 개인에 머무는 게 아니라 끊임없이 자체 비판하고 발전하는 것으로 이해해야 한다. 그래서 나는 이러한 방향의 성서 해석이야말로 한평생 해도 모자라며, 무엇과도 바꿀 수 없는 가치가 있다고 생각한다.

성서가 문화적 산물이란 말은 역사적 산물이라는 말과 다르지 않다. 역사적 산물은 그 역사 속에서 이해해야 한다. 그러나 동시에 그것을 읽는 사람은 그 역사 속의 인물이 아니고 오늘을 사는 독자이기에 역사적 산물을 읽는 분석의 눈을 가져야 하며 분석한 결과에 대한 판단을 독자가 해야 한다. 독자의 몫이 중요한 이유가 거기에 있다. 이런 관점에서 보면, 문화 비평적 성서 해석은 현대의 '독자 반응 성서 비평'과 맥을 같이한다. 그러나 여기서 말하는 독자는 문학작품 속에 갇힌 좁은 의미의 독자가 아니라 오늘을 사는 비평적인 독자를 말한다. 즉, 앞서 말한 광의의 문화개념을 바탕으로 날 선 검 같은 비평의 눈을 번뜩이는 독자를 지칭한다. 한국 사회에는 아직 낯선 개념이지만 미국 학계에서는 이미 주류로 자리 잡았다 할 만한 해석 개념이다. 이러한 의미의 문화 비평적 성서 해석이 한국 사회에도 뿌리를 내리기를 바란다.

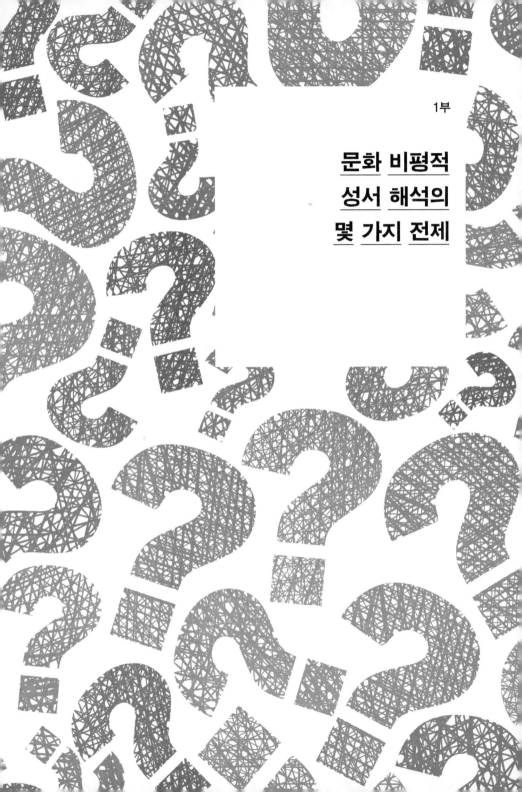

1부

문화 비평적
성서 해석의
몇 가지 전제

성서와
하느님의 말씀은 같은가

성서와 하느님의 말씀은 같은가? 하는 물음에 대답하기 전에 먼저 하느님의 말씀에 대해서 짚고 넘어가자. 성서는 분명히 기록된 형태의 책들로 구성되어 있지만, 하느님의 말씀은 추상적 개념이고 누구도 들을 수 없고 듣는다 한들 알 수 없을 것이다. 성서를 하늘의 말씀으로 간주하고 읽는다는 것이지 하느님 말씀과 동일한 건 아니다. 엄밀히 말하면 성서와 하느님의 말씀은 같다는 등식이 성립하지 않는다.

우선 성서는 그 자체의 기록과 전승의 역사에 기초한다. 즉 히브리 성서는 구전과 다양한 사회 공동체의 전수와 재해석 등으로 인하여 여러 가지 다른 자료가, 때로는 서로 상이한 견해(신학 문제라 불러도 좋다)까지 그대로 들어 있다(물론 신약성서도 예외는 아니다). 그러므로 문제는 서로 상이한 신학 내용이 상충할 때 독자인 우리는 어느 걸 취해야 하는가일 것이다. 예를 들면, 고대 이스라엘에서는 어린이 번제 예식이 횡행했고 성서는 이를 기록하고 있다. 출애굽기 22장 28-29절과 에스겔 20장 25-26절을 보면 어린이 희생 제사가 행해졌고, 야훼가 이를 명령했다. 사실 요시아 왕이 주전 621년에 개혁을 하면서 이런 어린이 희생 제사를 금한다고 하였으니(열왕기하 23:10) 그 이전까지 전 이스라엘에서 악습이 성행했음을 알 수 있다. 또 사사기 11장을 보면 입다가 암몬과의 전쟁에 승리한 후 자기 집에 돌아왔을 때 맨 먼저 자기에게 인사하는 사람을 번제물로 드리겠다고 야훼께 서원을 한다. 공교롭고 슬프게도 자기 외동딸이 마중나왔다. 입다는 옷을 찢으며 참담해하면서도 서원대로 집행했다.

　　이를 보면, 당시에 야훼께 드리는 어린이 희생 제사는 공공연히 행해졌고 이를 야훼가 열납하는 것으로 여겼다. 창세기 22장을 보면 야훼가 아브라함에게 이삭을 번제물로 바치라고 명령하는 것만 봐도 이런 관행은 공공연하게 이루어졌다고 볼 수 있다. 하지만 출애굽기나 예레미아를 보면 이런 관행을 아주 강하게 비판한다. 즉 한때 하느님이(사실 고대 이스라엘에서는 부족의 신이 여러 종류 있었고, 야훼 유일신은 점차 진화된 것으로 보는 게 일반적인 견해다) 그렇게 어린이 희생 제물을 요구하고, 사람들도 이를 당연한 것처럼 행했지만, 후대의 입장에서 이를 비판하고 하느님이 그런 것을 금하는 것으로 이해하고 그런 행위와 해석을 기록한 것이다. 이것은 하나의 예에 불과하다. 성서는, 특히 히브리 성서는 서로 다른 관점과 공동체의 문제를 가지고 자기들의 종교경험을 기록하고 고백한 것이므로 거기에 서로 다른 관점이 혼재하는 것은 당연하다 할 수 있다.

지금까지 말한 걸 요약하면 성서 자체가 한 가지 통일된 관점을 말하는 게 아니라 다양한, 때로는 서로 상충하는 목소리를 포함하고 있다는 것이다. 성서 사본적으로 말하면(textual criticism), 성서는 최초 기록(구전이나 여러 가지 작은 문서들의 전승)의 원본이 없고 시대를 거치면서 수정되고 추가되고 삭제되고 하는 편집 과정을 거쳤기 때문에 어느 시점을 기준으로 하여 더 큰 권위를 주어야 하는가의 문제가 있을 뿐이다. 더욱이 각기 다른 사본들이 그 내용이 조금씩 다를 때는 어느 사본이 더 권위 있는가도 따져야 하므로 우리가 갖고 있는 텍스트, 즉 성서 자체가 확정적이지 않다는(floating) 것이다.

물론 혹자는 성서가 한 가지 통일된 목소리를 갖고 있다고 말할 것이다. 그러나 성서는 한 권의 책이 아니다. 수많은 작은 것이 편집된 역사가 있기에 각각을 따로 보면 분명 다르고 상충하는 면도 있다. 그럼에도 한 가지 목소리를 내는 것처럼 읽어온 대표적인 예가 성서 전체를 구속사적 신학으로 해석한 것이다. 이런 독법으로 읽으면 서로 다른 내용이나 다른 관점은 희생되거나 종속되기도 한다. 그러나 중요한 것은 그러한 읽기는 많은 읽기 중의 하나라는 것이다. 그러므로 그 외 많은 다른 독법을 무시하거나 정죄해선 안 된다. 위에서 언급했듯이 성서는 분명히 상이한 관점의 다양한 경험을 기록한 것이므로 여러 가지 관점을 읽을 수 있어야 할 뿐더러 시대마다 고유한 현안들에 대한 당시의 해석과 경험 또한 읽을 수 있어야 한다. 그렇게 볼 때, 신약은 크게 보면 그 시점에서 구약을 재해석하며 예수의 삶과 죽음을 연관시켰다.

성서가 하느님의 말씀과 동일하지 않다는 견해에서 또 다른 중요한 점은 하느님(초월자)의 말씀은 보다 광의의 신학 개념이므로 기록된 성서(비록 다양한 형태라 할지라도)와 일치하지 않는다는 것이다. 성서가 하느님의 말씀에 대한 인간의 기록인 것은 틀림없다. 그렇기에 초월적인 하느님의 말씀을 인간의 언어로 다 담아낼 수 없다. 더욱이 하늘의 뜻은 인간의 한계와 환경적 영향으로 굴절되기 마련이다.

마지막으로 가장 중요한 핵심은 아무리 기록이 완벽하고(만약 원본이 있다 해도) 혹은 만일 성서가 한 사람이 기록해 한 가지 관점으로 기록되었다 해도 그 자체로 한 가지 해석만 가능한 것은 아니다. 다시 말하면 결국 텍스트를 어떻게 읽는가 하는 것은 오늘날 성서 비평 방법, 특히 독자 중심(포스트모던 읽기 등을 포함한) 즉 성서 해석학의 문제이다. 해석학의 입장에 따르면 비록 같은 본문이라 하더라도 읽기 방법에 따라 다양한 해석이 가능하며, 때로는 이 해석의 결과가 서로 양립하지 않고 상충하므로 전통적인 읽기 입장에서 보면 이상한 일일 것이다. 왜냐하면 서로 상충하는 하느님의 말씀이라는 결과가 가능하기 때문이고, 그럴 경우 성서가 곧 하느님의 말씀이라는 등식의 전통적인 성서 읽기와는 거리가 먼 것이 된다.

몇 년 전에 한 대학생이 부시 대통령에 대해 말한 것을 학교 신문에서 본 적이 있다. "부시를 어떻게 생각하는가"라는 질문에 그 학생은 "부시를 사랑합니다. 왜냐하면 그가 하느님을 사랑하기 때문입니다"라고 답했다. 그 학생의 부시 해석을 나무라는 게 아니라 부시가 하느님을 사랑하는 방법이 유일한 것이 아니라는 걸 읽어내야 하듯이 성서가 어떤 이야기를 할 때, 무슨 이야기인지 매우 깊이 있게 비평적으로 읽어내야 한다는 것이다. 그런 읽기에 접근하고자 한다면 역사적, 문학적 그리고 독자 비평적 등 다양한 성서 읽기를 익혀야 할 것이다. 그러므로 "성서 …를 보면"이라는 말은 매우 추상적이고 정확하지 않은 표현이다. 왜냐하면 성서는 다양한 것을 말하기 때문이다. 그리고 "예수를 닮자"라는 말도 매우 추상적이고 공허한 것이 될 수 있다. 만약 거기에 예수에 대한 설명을 다양한 각도에서 하지 않는다면……. 이에 대해서는 뒤에서 다시 이야기하겠다.

기독교는
누가 시작했는가

기독교(Christianity)의 시원을 따지고 그 창시자를 이야기하는 것은 매우 어려운 주제이며 학문적 접근을 요한다. 하지만 몇 가지 통설에 대해서 생각해보자. 기독교의 발생이 적어도 예수와 관련이 있다는 것에 대해선 모두가 공감한다. 그러면 예수가 새로운 종교를 창시했는가? 이에 대해 현재 많은 비평적 성서학자들이 회의적 의견을 내비친다. 왜냐하면 1세기 역사적·종교적 상황을 감안하면 예수운동(Jesus Movement)을 기존의 유대주의(Judaism)의 틀 안에서 이해할 수 있기 때문이다. 즉 크게 보면 유대주의 안에서의 개혁 운동이라는 것이다(대표적 학자로는 타이센Theissen을 들 수 있다). 물론 다양한 견해가 있다. 예수를 하나의 종말주의 선지자로 보는 사람도 있고, 개혁 운동 안에서 구체적으로 반봉건적 농민 개혁 운동가 내지 사회운동 이론가 등으로 보는 이도 있다. 실제로 팔레스타인에서 당시 예수운동과 비슷한 일을 하는 사례가 여러 군데 있었다. 예수 스스로 새로운 종교를 창시했다는 근거를 아무 데서도 발견할 수가 없다. 신학적으로 보나 사상적으로 보나 역사적 정황으로 보나 예수의 메시지는 유대교의 연장일 뿐이다. 유대교의 부패상을 지적하고 제대로 살라는 것이 예수의 메시지다. 신약성서를 요약하면 하느님 사랑과 이웃 사랑으로 간추릴 수 있다 했는데 이는 이미 히브리 성서에 잘 나타난 것이고 예수와 동시대의 선각자들도 자주 강조하던 말이다(랍비 힐렐이 좋은 예이다).

그러면 기독교를 누가 창시했고 발전시킨 것이란 말인가? 이것 역시 어려운 주제다. 그 주인공으로 바울을 지목하는 사람이 많은데 이에 대해서 간단히 짚고 넘어가자.

쉬운 일은 아니지만 먼저 바울의 사상과 신학, 민족관을 이해하는 것이 중요하다. 많은 사람이 바울을 현재의 기독교 창설자 내지 적어도 최대 공헌자라고 생각한다. 바울이 실제 뭐라고 했든 그의 후세 사람들은 그를 그렇게 읽었다는 것은 분명하다. 과연 바울이 새로운 종교를 만든 것인가? 바울이 자기 민족의 종교인 유대교를 배척하고 새로운 종교 기독교를 만들었거나 혹은 자기의 기독론에 기초하여 그가 신앙하고 사는 것은 유대교와 전혀 다르다고 보았는가? 이에 대해서는 학자마다 의견이 다르다. 그중 바울은 유대교를 떠나지 않았다는 것이

요즈음 대두되는 새로운 해석이다. 그는 예수가 유대교에서 말하는 메시아임을 고백했으나 그 외에 유대교 교리와 다를 것은 아무것도 없었다. 그 메시아를 유대교 전통 안에서 이해하고 그 안에 머물며 살았다.

한편, 전통적인 입장의 사람들은 바울이 율법주의에 빠진 유대교로는 구원이 불가능하므로 새로운 구원 방법인 예수의 대속, 즉 그것을 믿는 믿음으로 구원의 길을 열었다고 주장한다. 그러나 이 전통적인 해석이 요즘 큰 도전을 받고 있다. 왜냐하면 1세기의 유대교를 연구해보니 당시 유대교는 소위 말하는 리걸리즘(Legalism: 율법주의. 구원을 얻기 위해 율법을 지켜야 한다는 사상)의 종교가 아니라 요즘 기독교가 말하는 것처럼 '은혜'의 종교라는 것이다. 다시 말하면, 유대인들이 율법을 지키는 것은 구원을 얻으려 함이 아니라 그들을 선택한 하느님께 감사드리는 행위인 것이다. 사실 히브리 성서에 나타나는 사상의 큰 흐름은 하느님의 선택과 은혜가 앞서고 이스라엘 백성은 그에 따라 믿음의 행실로 응답하는 과정이다. 그러므로 단순히 유대교를 율법주의로 정의하고 예수운동 내지 바울 신학을 그에 맞추어 보는 것은 합당치 않다. 바울 자신이, 그의 편지 특히 로마서나 갈라디아서에서 말하는 믿음과의의 문제는 그렇게 간단하게 전통적인 해석을 지원하지 않는다. 오히려 바울이 말하는 믿음은 히브리적인 관점에서, 히브리 성서의 관점에서 더 잘 이해할 수 있다. 믿음은 행함이고 행함은 믿음(야고보서)이라는 말은 아브라함의 이야기에서 볼 수 있고 선지서에서도 볼 수 있다.

바울이 율법에 대해 문제 삼았던 것은 율법 그 자체가 아니다. 바울은 로마서 3장 31절과 6장 12절에서 분명하게 율법 자체를 세우고, 율법은 선하고 정의롭고 거룩하다고 했다. 바울은 율법을 통하여 역사하는 '죄'의 힘을 말하는 것인데 결국은 사람의 문제에 귀착된다. 다시 말하면 천박한 선민사상이나 율법을 경직되게 해석하여 힘없는 자나 다른 민족 약자를 차별하는 것은 하느님의 율법 정신이 아니라는 걸 말하는 것이다. 이 점에서 바울의 주장은 예수의 율법 재해석(마태복음 5장)과 다르지 않다.

바울에게서 율법은 단순한 법체계나 무엇을 지키고 무엇을 해야 하는 법조문이 아니다. 오히려 그가 문제 삼은 것은 사람들의 편협한 마음, 사랑하지 않고 독선에 사로잡힌 마음이고, 그런 사람들이 율법을 들고 나올 때 바울은 그에 대해 응답하는 것이다. 바울은 하느님이 유대교의 하느님이자 모두의 하느님이라고 못 박고, 그것은 새로운 게 아니라 이미 히브리 성서에 나와 있다고 보는 것이다. 로마서 1장의 "오직 의인은 믿음으로 살 것이다"라는 구절은 루터가 읽었던 것처럼, 율법이 아니라 믿음으로, 행함이 아니라 오직 믿음으로라는 의미가 아니다. 하박국을 인용한 본 구절은 의로운 사람은 하느님을 신뢰하고 하느님의 정의의 승리를 믿고 꾸준히 살아가는 사람을 뜻한다. 또 갈라디아서 2장 16-17절의 "율법을 지킴으로서가 아니라 예수를 믿음으로 의롭게 된다"라는 한국어 성서는 헬라어를 번역할 때의 문제가 있다. 원어에는 율법을 "지킴으로"가 없고 단지 "율법의 일(erga: 영어로는 works)"로 되어 있다. 영어 성서 NIV는 루터의 해석처럼 전통적인 해석을 따라 번역을 하되 그 해석에 맞게 약간 의역을 하여 "observing the law"로 했고, NRSV는 좀 더 원문에 충실한 번역을 하여 "works of the law"라 하였다. 'Works of the law'가 무엇인지는 해석자가 밝혀야 할 부분이지만 적어도 번역 단계에서 미리 한쪽 방향의 해석을 할 필요가 없다(가능하면 그런 해석을 할 필요가 없다는 것이다. 왜냐하면, 번역이란 것이 결국에는 해석의 부분이 들어가기 마련이기에). 그래서 미국의 경우 대부분의 대학교 신학교에서는 NRSV를 선호한다.

또 하나 더 중요한 번역 문제가 있다. 그것은 "예수를 믿음으로" 의롭게 된다는 것인데, 우리는 이것을 흔히 예수에 대한 신자의 믿음으로 이해한다. 그러나 헬라어에서의 *pisteos iesou christou*는 두 가지로 번역이 가능하다. 첫 번째는 예수를 믿음으로(faith in Jesus Christ; 이 경우 예수는 목적격으로 믿음의 대상), 두 번째는 예수의 믿음으로(Jesus Christ's faith; 이 경우 예수가 믿음의 주체로서 주격이다)이다. 전자의 경우는 예수에 대한 신자의 믿음으로 의롭게 된다는 것이고, 후자의 경우는 예수의 믿음(혹은 신실성)으로 의롭게 된다는 것이니 그 해석의 간극은 실로 하늘과 땅만큼 넓다. 놀랍게도 바울서신을 종합적으로 연구한 많은 연구 결과에 따르면 후자의 해석, 즉 예수의 믿음으로 봐야 한다는 것이다. 사례를 하나 더 들면 로마서 1장과 3장은 "예수의 믿음"으로 이해해야 한다는 것이다. 이에 대한 상세 설명은 여기서 더 이상 하지 않겠다. 후자의 결론을 따르면, 바울이 말하는 믿음과 의라는 것은 개인적 소유물로 가질 수 있는 게 아니라 좀 더 큰 문제—사회문화적 현상을 포함하여—를 다룬다는 것이다. 이 분야의 선구적인 글로는 크리스 스탕달(Kris Stendahl)이 쓴 *The Introspective Conscience of the West*를 들 수 있다.

그러면 과연 누가 기독교를 오늘의 기독교로 만들었는가? 이것은 역사적인 연구 과제다. 방대한 자료와 깊은 연구를 필요로 한다. 한 가지만 마지막으로 덧붙이면 초기 기독교의 모습이 예수운동의 개혁 운동 내지 유대교 틀 안에서 유대교와 공존하며 서로 경쟁하는 관계였다면, 시간이 흐를수록(적어도 바울은 아니지만) 공동체와 사회적인 상황과 문제가 달라짐으로써 새로운 관점이 탄생하고 초기의 메시지가 변질되거나 전혀 다른 모습을 띠게 되었다는 사실을 알 수 있다. 그 대표적인 예로 소위 말하는 후기 바울서신의 내용은 바울이 썼다는 7개 편지의 사상과 많이 다르고 또 편지의 주제나 사건이 전혀 다르다. 시간이 더욱 흘러 초기 교부들의 시대가 가고 기독교가 로마국교로 공인되고 중세를 거쳐 현대에 이르기까지 방대한 역사의 강물이 있는데 이를 분석하면 재미있을 것이다. 결국 누가 기독교를 시작했는가에 대한 답은 없다. 적어도 한 사람, 한 사건을 댈 수 없기 때문이다. 나는 이런 물음을 던져본다. 예수나 바울이 오늘날 현대에 돌아온다면 현재의 기독교 모습을 알아볼 수 있을까?

로마제국의
이데올로기

신약성서를 이야기할 때, 로마제국의 형성과 발전 그리고 그 이데올로기를 살펴보아야 한다. 로마제국의 두 가지 모토는 '평화와 번영'(peace and security)이었고 이를 선전 혹은 담보로 타민족과 타국가를 지배했다. 버질(Virgil)은 아우구스투스(Augustus) 황제를 주인공으로 한 로마제국의 이념화를 위한 소설 『아이네이드(*Aeneid*)』를 썼다. 즉 평화와 번영은 로마가 전쟁으로 가져온 결과이며 이에 대한 대가로 제국의 모든 종속국은 세금을 내고 충성을 맹세해야 한다. 로마 중심의 경제, 엘리트의 사회, 상하 종속 관계에 의해 운영되는 거대 경제가 로마가 지향하는 국가였다. 로마제국이 말하는 평화와 번영은 사실 로마제국의 엘리트 집단(황실, 귀족, 관료 등)과 다른 종속국의 상위 엘리트 집단에게나 해당하며 대다수의 평민과 노예는 착취당하게 된다. 그러니 누구를 위한 평화와 번영인가를 따져봐야 한다. 평화와 번영을 가져온다는 정치 선전과 이데올로기 강화 교육을 하는 것이 바로 로마제국의 중심 교육이었다. 그런데 로마제국의 지배를 받는 수많은 평민과 노예가 이러한 교육을 그대로 받아들였다고 여기기는 어려울 것이다. 이들이 직접 글을 남긴 흔적은 별로 없으니 우리가 가진 자료나 역사는 주로 엘리트층이 생산한 기록일 뿐이다. 그러므로 역사 기록을 읽을 때 우리는 그 기록의 이면에 있는 이해관계, 권력, 이념 등을 살펴야 한다.

　　　공적으로 드러내지 않는 여러 가지 메시지를 파악하는 것이야말로 어떤 개인이나 집단, 사회, 국가를 이해하는 데 매우 중요하다. 사람은 한 개인이든 공인이든 의중을 드러내는 경우가 있고 드러내지 않는 경우도 있다. 때로는 의도적으로 숨기는 경우가 있고 때로는 자기도 모르게 감출 때도 있다. 사람은 말과 글, 행위, 기타 사회 활동을 통해 공적으로 드러내는 메시지가 있는가 하면 공적으로 드러내지 않고 속으로 생각하거나 비공식적인 자리에서만 나타내는 경우도 있다. 대중의 입장에서 보면 겉과 속이 일치하지 않는 경우일 것이다. 표리부동이라는 말처럼……. 엄밀히 따지면 표리부동이 아니라 단지 감추고 있거나 공식적으로 드러내지 않는 것일 뿐이다. 이러한 표리부동의 극명한 예를 정치나 권력 집단, 대기업, 각종 이익집단에서 뚜렷하게 본다. 정치생명을 유지하려고 속에도 없는 말을 하고, 돌아서서 딴소리,

딴생각을 하며 사리사욕의 속마음을 드러낸다. 실제로 어떤 도움을 주는 경우도 있다. 그러나 이런 봉사나 혜택의 이면에는 또 다른 계산과 이익이 도사리고 있다. 미국이 이라크를 공격할 때 테러분자 색출과 대량 살상 무기 제거, 이라크의 자유를 위함이라고 선포했다. 이것은 공적으로 나타난 메시지다. 그러나 이런 이면에는 또 다른 보이지 않고 드러나지 않는 메시지가 있으니 그것은 정치 야욕과 군사 패권주의, 신자유 자본 논리 등 각종 복잡한 이해관계가 작용한다. 이런 것은 공적으로 떠들지 않는다. 그러나 엄연히 존재하는 메시지다.

어떤 사람들은 정치가나 사업가가 공적으로 선포하는 이런 메시지를 완전 신뢰하고 그 이면의 다른 야심 혹은 메시지를 읽지 못하는 경우가 많다. 그럴듯한 말과 논리(때로는 자유와 민주라는 이름으로, 때로는 경제와 평등이라는 이름으로)로 포장하여 전하는 공적인 메시지를 그대로 받아들인다. 그러나 드러나지 않은 것, 아니 드러내고 싶지 않은 것이 있음을 간파해야 한다. 이러한 간파는 결국 인간이 이데올로기의 동물이라는 사실에 근거한다. 좋든 싫든 인간은 누구나 이러한 이데올로기가 있다. 그런데 문제는 이러한 이데올로기가 건전한 것인가 아닌가에 달려 있다. 알튀세(Althusser)에 따르면 이데올로기가 없다고 주장할 수 있는 인간은 없다. 그렇다면 우리는 모든 인간의 이데올로기적 특성을 이해하고 한 개인이든 어떤 집단의 대표나 소속원이든 간에 그 내면의 이데올로기를 짚어보아야 한다. 달리 말하면, 드러나지 않는 내면의 생각, 이익, 욕심, 이런 걸 잡아내야 한다는 것이다. 이런 두 가지 개념(드러나는 것과 드러나지 않는 것)을 잘 표현한 사람이 제임스 스콧(James C. Scott)인데 그는 바로 인간이나 조직의 메시지를 공공적 표기(public transcript)와 감춰진 표기(hidden transcript)로 구분했다(그의 책 *Domination and the Arts of Resistance: Hidden Transcripts* 참조). 정치가의 고도 언론 플레이 혹은 이익집단의 대표적인 기업 홍보전, 이런 것은 분명 공공적 표기다. 그러나 이런 공적 메시지에서 나타나지 않는 메시지가 있음을 알아야 한다. 우리는 이런 숨은 메시지를 읽어낼 때 진정한 자유, 정의, 평등을 이룰 수가 있다.

초기 기독교는 이러한 로마제국하에서 생성되고 발전하고 수많은 변화를 거쳤다. 로마제국하에서 예수운동과 바울의 복음이 로마제국의 이러한 이념 선전에 어떻게 대응했는지 살피는 것이 매우 중요하다. 불행히도 많은 사람이 복음의 현실 참여의 정치적 함의를 탈피하여 초자연적 복음으로 변질시킴으로 전혀 엉뚱한 방향으로 성서 해석과 초기 기독교 이해가 이루어져왔다. 최근에야 새롭게 로마제국에 대항하는 복음의 참여성에 대해서 많은 연구가 이루어지고 있다. 예를 들어, 닐 엘리엇(Neil Elliott)은 Fortress 출판사에서 출간한 책, *The Arrogance of Nations: Reading Romans in the Shadow of Empire*에서 바울이 쓴 로마서의 반제국적 메시지를 주석한다. 필자가 쓴 *Christ's Body in Corinth: The Politics of a Metaphor*(Fortress, 2008)도 같은 맥락에서 바울을 정치적으로 읽는다. 예수의 반제국적 읽기도 많이 연구됐다. 중요한 것은 적어도 예수 당시 혹은 바울 당시 정치는 종교와 분리되지 않았다는 사실이다. 즉 삶이 정치요, 삶이 종교였다. 그러므로 정교분리나 개인주의라는 오늘날 정서로 고대를 보면 마치 순수한 신학이나 종교가 정치와 관련 없이 존재하는 것처럼 착각하게 된다. 현대 종교의 개인주의화는 고대에서는 생각할 수도 없는 일이다. 오늘날도 종교의 의미는 개인의 사유화가 아니라 공공 부문, 공동체에 참여하는 것이라고 볼 수 있다.

이제 오늘날 세계 정치·경제 현상을 보자. 오늘날은 제국이 없는가? 우리 시대의 세계도 신제국주의, 미국을 중심으로 한 신자유주의 거대 자본주의, 군사 패권주의가 여전히 힘을 발휘하고 있으며 이전 제국과 똑같지는 않지만 로마제국의 논리와 오늘날 거대 제국(미국)의 논리에는 공통점이 있다. 흔히 듣는 미국의 구호가 바로 평화 혹은 자유와 번영이다. 평화나 자유의 이름으로 어떤 나라를 침범하고 짓밟을 수도 있는 힘과 논리, 위협이 된다고 생각하면 미리 쳐부술 수도 있다는 독트린, 공동 번영을 외치면서도 특수 집단에 이익이 되는 정치 등, 오늘날에도 개인의 힘을 초월한 조직적 불의와 이념이 지배하고 있다. 이러한 환경에서 기독교가 담당하는 역할은 무엇인가? 같이 상승적 이득을 보는 데 만족하고 이런 이념의 횡행에 대해서 말 못 하거나 돕는 역할을 하지는 않는지. 오늘날의 기독교가 예수나 바울이 외치고 몸을 아끼지 않고 불사른 그 삶에 근접한 것인지. 새로운 각성과 과감한 성서 해석이 필요한 때다.

　　로마 제국주의의 특성은 철저한 상호주의에 입각한 상하 관계요, 그 관계의 끈은 '이익'이었다. 제국주의라고 번역하는 원래 단어는 라틴어 *imperium*에서 왔다. 이 단어는 절대 권력(sovereignty)이라는 의미가 있다. 로마제국 사회에서 최고의 상전은 황제다. 황제를 받드는 원로회의, 기타 귀족 관료, 지방 관료 등이 있고, 여러 종속국은 자체의 권력 서열 구조가 있다. 이 제국주의 시스템에서 상전은 하인을 보호하지만 그것은 하인이 제공하는 충성과 서비스 때문이다. 상전은 하인의 노동을 착취함으로써 이익을 차지하고 그 보상으로 하인을 먹여 살리고(행복 추구의 개념이 아닌 그냥 먹여 살리는) 보호하는(행복 추구의 보호가 아닌 그저 목숨 보존하는) 것이다. 엘리트 계층이 대단한 호의를 베풀고 선량한 사람처럼 구는 것도 결국은 자기의 이익 때문이다. 로마시대에는 노예가 도망가면 죽여도 되었다. 왜냐하면 노예는 사람 축에 끼지 못하고 가축이나 물건과 같은 재산으로 취급받았기 때문이다. 부리던 노예가 가치가 없으면 팔기도 한다. 주인이 먹여 살리고 보호하는 것은 그 노예의 행복을 위한 것이 아니라 주인의 용도를 위해서였다. 필요치 않으면 팔아버리는 것, 경제와 이익의 논리로 움직이는 것, 그것이 바로 제국주의 이념이다.

　　로마시대에 어떤 노예주가 폭압과 착취를 하여 노예들이 항의하는 행동을 하고, 그러다 한 노예가 주인을 살해했다. 노예주의 명백한 억압이 인정되는데도 로마 원로회의(senate)에서는 노예 400명을 처형함으로써 이 사건을 해결했다. 즉 절대로 노예는 주인을 대적해선 안 된다는 것을 일벌백계로(무려 400명의 목숨을 빼앗음으로) 다룬 것이다. 하층민과 노예에게 엄청난 테러(공포)를 불러일으키는 것이 이 조치의 목적이다. 그렇게 함으로써 불평등한 상하 종속 관계가 유지되기 때문이다. 로마는 다른 종속국을 지배할 때 설득과 테러 두 가지 방법을 썼다. 설득은 주로 종속국의 엘리트 계층에게 하고, 테러는 주로 하층민에게 한다. 로마의 지배층은 종속국의 엘리트에게 부와 권력을 보장하는 대신 하층민을 정치적으로 잘 다루어 로마에 저항하지 못하게 하는 책임을 부여한다. 이들 종속국의 엘리트층은 자기의 이익을 유지하려 하층민을 무자비하게 다루며 자기의 상관인 로마의 엘리트층에게 복종한다. 종속국의 하층민이 저항하거나 복종하지 않거나 세금을 내지 않으면 무자비한 테러를 자행한다. 그것도 공공의 이름으로.

이런 제국주의 이념이 오늘날에는 없는가? 그것이 문제다. 무수히 많다. 신자유주의로 대표되는 세계경제와 자본주의 시스템은 거대 자본과 정치 세력이 협동하여 만들어내는 거대한 제국주의의 범주에 속한다. 이에 대한 글과 연구는 포스트콜로니얼리즘(Postcolonialism)의 연구에서 많이 되고 있다. 확장하면, 한 개인의 생활에서부터 조직체, 국가에 이르기까지 여전히 이런 이념이 난무한다. 로마시대 귀족 관료인 키케로(Cicero)는 길거리 대중의 목소리에 귀를 기울이는 어리석음을 범하지 말아야 한다고 말했다. 그렇게 하면 로마 정부의 질서가 서지 않고 그런 대중을 따라가는 것은 매우 우매한 짓이며 악마의 짓이라고. 이 말은 무참히 짓밟는 게 능사라는 뜻이다. 즉 로마의 법은 로마 귀족들을 위한 것이기에 누구도 그 법에 저항하거나 그것을 폐기할 수 없다는 것이다. 겉으로는 로마제국의 질서와 평화를 이야기하지만 속마음에는 바로 본인이 지켜야 할 이익이 있기 때문이다.

반이성적, 맹목적, 억압적 지성은 소위 엘리트층 혹은 지배계층에서 생성되고 발전하고 유지되며, 이에 반할 시 엄청난 공권력으로 위협하거나 교묘한 대중매체 전술로 대중을 포섭하거나 설득한다. 온갖 수단을 동원하여 기존 질서를 유지하고자 하는 것이다. 그러나 기존 질서가 불합리하고 불의하다면, 그런 질서를 침범하는 것이야말로 민주주의의 발로요 발전의 시작이 된다. 진정한 민주주의는 민중(시민 혹은 대중)이 끊임없이 권력에 대한 감시와 비판을 하고 변화 요구를 할 수 있어야 한다. 민주주의는 정해진 틀이 있는 것이 아니고 어떤 완성된 작품도 아니다. 미완성의 과정일 뿐이다. 이 과정에서 민중이 해야 할 일은 중차대하다. 치러야 할 값은 비판과 저항의 몫이다.

한국에서 이런 억압적·맹목적 지성은 일부 기독교 지도자들에게도 나타난다. 공적인 장소에서 하느님을 빙자하여 미국 편(사실 미국의 엘리트층이라고 봐야 함)을 들고 그럼으로써 미국식 신자유주의 자본주의라는 그늘에서 경제적 이익을 보며 교회 권력을 유지하고자 한다. 직접 그런 말을 하지 않지만(이것이 감추어진 메시지다), 숨은 메시지는 뭔가 지켜야 하는 게 있다는 것이다. 겉으로는 하느님, 질서, 평화, 복을 이야기하지만 속마음은 욕심으로 가득 찬 것이다. 이것이 종교인의 모습인가?

한국에서 말하는 신자유주의는 결국 미국을 위시한 신자본주의의 글로벌 경제에 종속된다. 그 결과 민중의 삶은 상하 종속 관계에 빠져 피폐하게 된다. 한국에서 이득을 보는 계층과 집단은 있다. 그런데 이들을 위해서 나라를, 국민을 나락으로 몰아넣어야 하는가? 그것이 핵심이다. 누구를 위한 정치며 누구를 위한 경제인지를 물어야 하는 것이다. 자본주의 사회에서 자본주의를 비판하는 경제학자를 환영하지 않을 것은 자명한 일이지만 이러한 사회 시스템하에서 종교의 역할은 무엇인가? 이것이 바로 종교 경전을 읽는 해석법이 중요한 이유이다.

신학은
땅의 것

신학은 땅의 것이라 하면 반발할 사람이 참 많을 것이다. 흔히 신학은 하늘의 것, 하느님의 것, 하늘에 대한 것이라 생각한다. 맞는 말이다. 그러나 더 깊이 생각해보면 그 하늘, 하느님이란 것은 이 땅을 무시하고 존재하지 않는다. 하늘이 그 하늘로서 자리매김하는 것은 그 아래 땅이 있기 때문이고, 하늘의 길이 의미 있는 것은 그 아래 땅에서 그렇게 살아주고 따르는 사람들, 자연이 있을 때 가능하다. 하늘 따로, 땅 따로는 의미 없다. 하느님이 세상을 열고 사람을 존재케 했다면 그 하늘의 길과 뜻이 세상과 자연에서 나타나고 경험될 것이기에 우리는 가장 가까운 곳에서 그 길을 찾을 수 있다. 바울도 로마서에서 하늘의 뜻이 창조 세계에 나타나 있다고 하지 않았던가? 바로 이런 연유로 나는 신학은 땅의 것이라 말하는 것이다.

　　　신학을 신에 대해 아는 것 혹은 배우는 것이라 정의할 수 있다. 그래서 영어도 theos(신)와 logos(말)의 합성이다. 신에 대해서 말하는 것 혹은 신의 말을 숙고하는 것이다. 신학의 주제는 당연히 신이다. 그런데 '신학' 하면 우선 인간 세상이 아닌 초월자에 대한 것만 다루는 걸로 생각하기 쉽고 또 그 초월자를 인간과 멀리 떨어진 존재로 여긴다. 또 혹자는 인간의 신에 대한 목적은 그를 경배하고 찬송하는 것이며, 종국에 신학의 목적으로 결국 이 땅이 아니라 저 하늘 세계 혹은 어떤 미래의 하늘나라를 상정하는 경향이 있다. 그런데 사실 신학에서도 신의 초월성과 내재성을 함께 이야기한다. "그러나 여전히 그 중심은 초월성에 있고 신앙의 목적의 균형추는 이분법적 사고에 젖어 이 땅을 그저 지나가는 나그네의 삶으로 생각한다." 그러나 나는 신학은 땅의 것이라고 말한다. 왜냐하면 신학을 하는 사람이 땅에 속했고, 땅에서 살고, 땅에서 경험하고, 땅의 언어와 사상, 땅의 몸짓으로 표현하기에 비록 그 주제가 하늘적인 요소가 있다 해도 여전히 땅을 벗어나지 못하기 때문이다. 이것은 긍정적인 면과 부정적인 면이 함께 있다. 긍정 요소는 신학은 땅의 것이라는 것, 즉 땅의 언어로 되는 것이니 거기에 이해가 쉽고 신학이 실제의 삶에 일어나니 그 밀착성이 높다는 점이다. 부정 요소는 땅의 몸을 입고 사는 우리에게 한계가 있기 때문에 조심해야 하고, 교만하지 않아야 하며, 절대적이라 말하지 말아야 하는 것이다.

　　신학은 땅의 것이라 할 때 가장 중요한 것은 초월성이 자연과 사람에게 내재해 있다는 사실을 직시하는 것이다. 즉 신을 알기 위해 하늘에 기도하는 게 아니라 그 지은 인간을 관찰한다는 것이다. 인간의 삶—사랑과 정의 혹은 반대로 미움과 불의의 세계—을 보면서 인간의 긍정적인 면과 부정적인 면도 함께 보며 신의 지음을 받은 인간의 이중성과 복잡성을 신적인 신비로까지 확대해 나가는 것이다. 이것은 신학적으로 대단히 중요하다. 신은 인간과 따로 아무 상관없이 위에서 혹은 어디선가 인간을 지켜보는 폴리스적인 존재가 아니라 인간의 다양하고 복잡한 삶과 교감하는 존재인 것이다. 이런 부분에 대해서 최근에 많은 논의가 있다(Eric Santner, *The Psychotheology of Everyday Life* 참조). 즉 신인 관계를 다룰 때 인간의 심리 및 종교를 접목하여 인간의 삶 속에 관여하는 신의 손길 내지 부름에 대해 이야기하고 있다. 샌트너는 심리학이나 신학이 별도가 아니라 같이 공감하고 서로 도움된다는 것을 지적한다. 그는 프로이트(Freud)와 로젠츠바이그(Rosenzweig)의 저술을 이용하여 이런 부분을 상세히 다룬다. 인간이 누군가를 깊이 이해함으로써 신학을 깊이 이해할 수 있다는 것이다. 사실 바울도 이 부분에 대해서 분명히 이해했다. 그는 신학의 문제 혹은 주제를 하늘에서 시작하지 않았다. 로마서에서 그는 인간의 보편적인 죄악에 대해 언급할 때, 모든 사람의 마음에 있는 부패와 황폐를 꼬집었다. 유대인은 유대의 특별 계시법을 가지고 있었고, 다른 모든 사람은 그 마음의 심연에 자연법을 간직하고 있다고 했다. 즉 신학의 문제를 인간에게서 찾고 인간에게서 해답을 내린 것이다. 그것은 법대로 사는 것이다. 그것이 주어진 특별법이든 자연법이든, 그 법은 바로 신의 뜻 곧 사랑의 법인 것이다.

신학이 땅의 것이라 할 때 물론 인간만 사는 것이 아니다. 자연 만물이 인간의 욕심으로 황폐해 가고 있다. 자연에 숨 쉬는 신의 섭리를 인간이 배반하기 때문이다. 자연은 인간이 마음대로 사용하라고 있는 것이 아니다. 자연이 인간에게 필요 이상의 존재라는 것을 잊어버린다. 자연에는 분명히 그 속에 초월이 내재해 있다. 바울은 온 자연이 인간과 함께 회복되기를 염원했다. 그는 신성이 자연 만물에 분명하게 드러났다고 하였다. 이것을 깨닫지 못하는 것은 신의 선택을 받지 못했기 때문이 아니라 그 마음이 비뚤어져 자기 욕심에 사로잡혀 살기 때문이다. 즉 인간의 문제다. 신학이란 인간을 관찰하며 인간의 문제에 대해서 해답을 제시하는 것이다. 신학은 하늘의 것이 아니라 땅의 것이다. 칼뱅도 비슷하게 신을 알려면 인간을 잘 알아야 한다고 말했다.

법(法)은
물이 가는 것처럼

앞에서 신학은 땅의 것이라 하였다. 땅의 신학은 하늘을 닮아 있다. 하늘은 창대하고 막힘이 없고 공평정대하다. 마치 선인, 악인 가리지 않고 햇빛과 비를 내리는 것과 같다. 하늘이 그러하다면 땅에도 그런 정의로운 법이 통한다. 그것은 법의 길이다. 법은 자연스런 순리, 쉬운 것, 우리가 쉽게 따를 수 있는 사랑의 법이다. 그래서 시편에서는 하느님의 법 즉 하느님의 말씀이 곧 법이고, 그것은 사람을 바르게 살게 하고 길 안내를 하며 옳음과 그름을 구분함으로 정의로운 삶을 살게 하는 하느님의 선물이다. 그런 법을 따라 사는 사람은 나무가 시냇가에 심어진 것같이 늘 푸르고 아름다운 동네, 풍성한 마을을 이루기 마련이다. 이런 사람은 물처럼 사는 것이다. 그 자신이 물 같은 성격의 삶을 살고 또

물이 하는 일을 하는 것이다. 법(法)이라는 한자를 살펴보면 참으로 오묘하다. 법은 물 수(水) 자에 갈 거(去) 자로 되어 있으니 '물이 흐르는 대로 간다'라는 뜻으로 풀 수 있다. 즉 법은 가장 낮은 자에게까지 평등하게 흐르는 사랑과 정의의 강물이라는 것이다. 물의 이미지를 잠시 생각해보라. 계곡을 채우고 우렁차게 계곡 아래로 흘러가며, 저 멀리 들판에까지 흘러서 곡식이며 사람이며 가축에게 꼭 필요한 물이 되는 것이다. 물처럼, 법의 이런 보편성과 형평성은 인간 사회를 건강하게 지탱해주고, 사람을 살리고 질서를 유지하게 하며, 서로 평화하고 존중하며 살 수 있게 한다. 이는 법의 가장 기본적인 정신에 속한다. 문제는 우리가 하느님의 법을 100% 지킬 수 없기 때문에 좌절할 수밖에 없다는 데 있는 것이 아니라(루터가 번민에 사로잡혀 법을 완전히 지키지 못하는 양심의 가책으로 괴로워하며 법의 탈출을 시도한 나머지 법을 하나의 구속constraint이나 인간을 넘어지게 하는 장애물로 생각하여 오직 믿음으로만 의롭게 된다고 주장한 것은 법을 제대로 이해하지 못한 데서 비롯되었다), 우리의 욕심으로 말미암아 남을 죽이고 내가 살고자 하는 마음 즉 죄의 힘, 사망의 힘에 사로잡혀 사는 데 있는 것이다. 하느님은 우리가 법을 100% 지키나 못 지키나 보기 위해 숨어 있는 교통 경찰관이 아니다. 하느님은 우리가 어떻게, 무엇을 위해 사는가, 우리 마음의 중심을 보신다. 우리 마음을 하느님께 드릴 수 있느냐 없느냐 그것이 문제다.

　　바울은 로마서에서 우리에게 하느님의 법을 따르면 살 수 있다고 말한다. 나의 육신의 생각, 내가 살고 남을 죽이려는 생각, 남을 판단하고 정죄하는 마음, 즉 죄와 사망의 법에서 벗어나 하느님의 법, 사랑의 법, 그리스도의 법, 성령의 법을 따르는 자에게 생명과 평안이 있다고 말한다. 위에서 보면, 하느님의 법, 그리스도의 법, 성령의 법은 다하나로 통하는 사랑의 법이다. 우리에게 꼭 필요한 것은 이러한 법에 사로잡혀 사는 것이다.

　　사랑의 법이 되려면 사랑으로 해석해야 한다. 예를 들면, 예수가 안식일에 병자를 고친 행위는 십계명을 범하는 것처럼 해석할 수도 있다. 그러나 사랑의 법으로 해석할 때는 안식일에 병자를 고치는 것은 당연히 필요한 사랑의 행위요, 법의 큰 정신이다. 그래서 예수는 말한다. 사람이 안식일을 위해 있는 것이 아니라 안식일이 사람을 위해 있다! 사람을 섬기는 것이 하느님을 섬기는 것과 다르지 않다. 모든 법의 정신은 사랑이고, 또 사랑으로 해석해야 한다. 참으로 진정한 의미의 법을 회복할 때가 됐다. 누구나 법을 외친다. 문제는 어떤 법을 말하고, 어떻게 해석하는가를 잘 살펴야 할 것이다. 그 외치는 법이 정의와 사랑을 동시에 가져오는가?

　　오늘날 신약성서에서 율법으로 번역하고 영어에서 Law로 번역한 이 단어의 히브리 성서 단어는 '토라'인데, 뜻은 '가르침', '훈계'이다. 즉 히브리 성서의 가르침이라는 말이 신약성서에서는 노모스(nomos) 즉 법으로 바뀌고, 이것이 영어 성서에서는 Law, 한국 성서에서는 '율법'으로 바뀌어버렸다. 그래서 율법을 믿음의 반대편에 세우고 유대교를 율법주의로 몰아붙이는 우를 범하는 것이다. 히브리 성서에서 말하는 토라는 하느님의 말씀 또는 구체적인 가르침을 뜻하고, 신명기 사관에 따르면 이것의 핵심은(해석관점에 따라 다르겠지만) 여호와께 절대 순종하고 이웃을 사랑하는 것이라 볼 수 있다. 그렇게 보면 여기서의 토라는 딱딱한 법 체계를 말하는 것이 아니라 기본적인 법 정신을 담은 가르침이다. 예수가 이를 계승했고 바울도 이를 계승했다. 예수나 바울은 유대교가 시스템적으로 문제가 있어 유대교를 부정한 것이 아니다. 문제는 그 안에 있는 사람들이 하느님의 가르침대로 살지 못하고 곡해하고 남을 못 살게 구는 것이었다. 예수도 마태복음 5장에서 분명히 말했다. "나는 율법을 폐하러 온 것이 아니라 완성하러 왔다." 바울도 로마서에서 분명히 말했다. "율법은 완전하고 거룩하다." 왜냐하면 예수와 바울은 율법이라고 번역한 단어의 히브리어 뜻이 토라이고 토라는 분명히 하느님의 말씀이라는 것을 알았기 때문이다.

초월의 내재와
삶

신학은 땅의 것이라 할 때 현재 속에서 초월의 내재를 이해하고 구현하면서 살아야 한다는 개념이 담겨 있다. 초월의 내재라 함은 초월자가 인간의 삶과 자연 속에 내재한다는 것인바 이것은 신학에서 매우 중요하다. 물론 신의 초월성을 함께 이야기하지만 내재성이야말로 현대 신학과 윤리 측면에서 매우 중요한 것이 아닌가 한다. 인간을 잘 관찰하고 살피면 신의 모습 혹은 특성을 알 수 있다는 말과 같다. 이는 동학의 인내천(人乃天)과 크게 다르지 않을 것이다. "사람이 곧 하늘이다"는 바로 사람이 초월자를 향하여 있다고 보는 것이다. 삶의 최선의 목표는 이 땅이어야 하고 현재의 삶 속에서 생명의 가치를 구현해야 한다는 것이다. 신학에서 인간이 신의 창조물이라고 하면 인간은 신의 필요 즉 사랑의 대상이며 그는 이 땅에 사는 존재여야 한다. 살아 있는 인간에게서 신의 존재를 찾아야 한다는 것과 같다. 그런데 오늘날 미국이나 한국 기독교의 보수화와 근본주의화의 가장 큰 문제점은 바로 이런 초월의 내재성 자체에 큰 의미를 두는 것이 아니라 삶을 이분법적으로 보아 이 땅의 삶을 잠시 지나가는 여행의 통로 정도로 보는 데 있다. 그로 말미암아 이 땅에서의 인간 생명의 가치를 경원시하는 경향이 있다. 왜냐하면 이 땅의 삶은 일시적인 것이요 영원한 내세를 더 중요하게 여기기 때문이다. 이것이 오늘날 가장 큰 문제다. 진정한 삶은 여기가 아니라 저기라는 식의 온갖 교리가 과연 어디서 온 것인지 묻고 싶다. 물론 그 교리는 역사적으로 만들어진 것이다. 하지만 적어도 모든 성서가 그런 이분법 주장을 한다고 보기는 어렵다. 물론 성서는 한 권의 통일된 책이 아니므로 한 가지 관점을 말하는 것은 아니지만 적어도 예수의 행적이 기록된 신약성서의 4복음서와 바울의 초기 서신서를 보면 그런 이분법적인 세상관 혹은 인생관은 성립하기 어렵다. 이에 대해서는 이 책의 다른 곳에서도 계속 이야기할 것이다.

아직도 예수천당, 불신지옥이라 외치는 것이 가장 복음적이라 믿는 이들이 상당수 있겠지만, 그것이야말로 가장 비복음적, 몰상식한 복음 이해라 할 수 있다. 우리가 복음이라 번역하는 헬라어는 유앙겔리온(euangelion)인데 이 단어의 뜻은 결국 해석의 문제로 귀결된다. 복음서와 바울서신에서 사용된 이 단어의 해석에는 다양한 견해가 있다. 개인과 공동체의 회복, 정신적·육체적 자유와 해방 등 여러 가지 해석이 가능하다. 그러나 그 다양한 견해 중에 예수천당, 불신지옥이 그중 하나라고 말하기는 힘들다. 즉 다양하다고 해서 아무것이나 다 가능한 것이 아니다. 성서를 해석하는 데에 해석의 경계 혹은 한계를 분명히 그어야 한다. 예수천당, 불신지옥은 그러한 한계 밖의 예에 해당한다. 여기서 어떤 견해 혹은 해석이 정답이라고 말하는 게 아니다. 성서는 텍스트이므로 성서 본문이 말하는 내용은 다양하지만 아무것이나 모두 말하는 건 아니라는 것이다.

다시 원점으로 돌아가자. 초월의 내재란 바로 이 땅에서 초월이 이루어지고 그것이 초월자가 인간을 지은 목적이라고 본다는 것이다. 문제는 어떻게 이 초월의 내재를 이해하고 구현하면서 이 땅에서 살아갈 것인가이다. 이 초월의 내재를 깨닫는 작은 방법이 하나 있는데, 그것은 한국 불교에서 대중적으로 전해지는 '눈부처'의 이야기에서 찾는다. 눈에 작은 부처가 있다는 이야기다. 각자는 이 눈부처를 갖고 살고 있다. 그런데 이 눈부처란 것은 다른 사람의 모습을 내 눈이 갖고 있다는 것이다. 나는 나인 줄만 알았는데 내가 상대방의 모습을 실지로 내 눈 속에 갖고 있다는 사실은 대단한 발견이다. 반대로 내가 상대방의 눈을 들여다보면 상대방의 눈 속에 투영되어 있는 자신의 모습을 볼 수가 있다. 인간이 이렇게 서로 투영하며 살고 있고 또 상대방의 모습에서 내 모습을 찾을 수 있다는 사실은 연대감을 갖게 한다. 나와 네가 따로 존재하는 것이 아니라 서로의 모습을 자기 속에 간직하고 보여준다는 것은 철학적으로 심오한 의미가 있다. 데카르트는 생각하는 주체, 즉 생각하는 자신만이 유일한 인식의 근거라고 여겼으나 이런 형이상학적 이분법이 깨지고 보다 실질적 지식과 인식은 상대방과의 관계 속에서 찾게 된다. 좀 더 확대 해석하면, 기독교인은 불교인 속에서 자기의 모습을 볼 수 있어야 하고, 불교인은 기독교인 속에서 종교가 달라도 자신의 모습을 발견할 수 있어야 한다. 서로 존경하고 서로 배울 수 있어야 한다는 것이다.

'눈부처'의 의미를 나의 성서 해석 시간에 미국 학생들에게 소개했다. 많은 학생이 흡족해했고, 동서가 사상적으로 만나는 작은 가능성을 보는 듯했다. 눈부처는 상대방의 눈 속에 비치는 자기의 얼굴이다. 모두는 이런 눈부처를 가지고 있다. 상대방의 모습에서 자신의 모습을 찾는 것은 대단히 중요하다. 우리의 삶이란 서로 연관되어 있기 때문이다. 서로 떼려야 뗄 수 없는 관계를 맺고 산다는 것이다. 그런데 어떤 사람은 이런 눈부처를 전혀 보지 못하고 산다.

메타포의
다양성과 한계

텍스트를 읽고 해석할 때 넘어야 할 산과 건너야 할 강이 있다. 바로 메타포(metaphor) 해석에 관한 것이다. 메타포는 복잡한 현실이나 개념을 전달하고자 할 때, 일상생활이나 자연의 대상에서 소재를 찾아 언어 표현에 적용하는 것이다. 예를 들면, "사랑은 전쟁이다"라고 하면 사랑의 현실과 내용을 전달하기 위해 전쟁이라는 소재를 썼다. 사랑이 전쟁처럼 치열한 싸움에 비유·연상되기도 하고, 또 전쟁의 작전과 전략에 견주기도 한다. 전쟁의 생사고락을 사랑에 표현할 수도 있을 것이다. 그냥 사랑이 무엇이냐, 혹은 나의 현재 사랑 경험을 메타포 없이 설명한다 생각해보라. 전달이 얼마나 지루하고 어렵겠는가? 하지만 전쟁이라는 메타포를 사용하면 훨씬 더 쉽고 풍부한 전달력을 갖게 된다. 우리의 언어생활과 마찬가지로 성서 텍스트도 수많은 메타포로 가득 차 있다. 문화 비평적 해석을 하기 위해 반드시 짚고 넘어가야 할 해석학적 문제이기에 상세히 논하고자 한다.

사물이나 물건에는 용도가 있다. 숟가락과 포크는 용도가 다르지만 때로는 하나가 없을 때 대용이 가능하다. 밥을 먹을 때 숟가락이 편하지만 숟가락이 없으면 포크를 사용할 수 있다. 숟가락과 포크는 다르지만 사촌 계열의 물건이다. 하지만 숟가락과 삽을 비교하면 차이가 현저하다. 숟가락은 밥을 먹는 데 쓰이고 삽은 흙을 파고 옮기는 데 쓰인다. 숟가락이 삽을 대신할 수가 없고 삽이 숟가락을 대신할 수 없다. 용도에 맞게 쓰여야 한다. 그 말은 곧 사물이나 물건의 한계가 있다는 말과 같다. 숟가락의 한계는 삽의 역할을 할 수가 없다는 데 있다. 즉, 숟가락은 적은 양을 운반하는 데 쓰이고 따라서 밥을 먹기에는 훌륭한 도구이지만 작기 때문에 흙을 파고 옮기는 데는 적당하지 않다. 그 한계 때문에 흙을 팔 때는 숟가락을 찾지 않고 삽을 사용한다. 삽과 불도저는 사촌 간이다. 하나가 없을 때 대용 가능하다. 하지만 불도저는 많은 흙을 파고, 파기 힘든 곳을 뚫고, 많은 흙을 운반하는 데 쓰인다. 공장을 짓고 큰일을 하는 산업 현장에 용도가 맞다. 그런데 이런 효율적인 불도저도 완전히 이종 간의 물건인 숟가락을 대신할 수 없다. 불도저가 아무리 크고 힘이 세다 해도 숟가락의 용도는 아니기 때문에 그 한계가 있다. 크고 위용이 넘친다고 한계가 없는 건 아니라는 말이다. 오히려 크기 때문에 숟가락을 대신할 수 없다. 그것이 한계다. 우리는 착각을 할 때가 자주 있다. 좋고 훌륭해 보이면 한계가 없는 것처럼 생각한다. 그러나 한계는 늘 있다.

더 확대하면 사람에게도 적용된다. 아무리 훌륭한 사람이라도 독특한 용도(흔히 재능이라고 말할 수 있다) 외에는 특별한 재주를 갖추지 못한 경우가 대부분이다. 손을 잘 쓰는 사람 중에는 운동에 뛰어난 사람이 있는가 하면 붓글씨를 잘 쓰거나 음식을 잘 만드는 사람도 있다. 이와 달리 어떤 사람은 손 쓰는 일에 둔감하지만 사고력이 뛰어난 사람이 있을 수도 있다. 어떤 사람도 모든 재능을 두루 갖추고 무엇이든 척척 해낼 수는 없다. 우리는 그것을 경험으로 안다. 그러니 다른 재능을 가진 또 다른 독특한 사람이 필요한 것이다. 그래서 함께 어우러져 다양성을 갖춘 아름답고 균형 잡힌 삶이라는 공동체를 만들어간다. 그런데 우리 사회는 획일적인 인간, 어떤 부류의 재능이나 집단만을 선호하고 육성하는 오류에 빠진다. 이것은 사회가 다양성 속에서 발전한다는 사실을 망각하는 것임과 동시에 독특한 재능의 다른 사람을 인정하지 않는 실수를 범하는 것이다. 나의 재능으로 할 수 없는 일을 내가 할 수 있는 것처럼 착각하거나 아니면 다른 일을 천하게 여기는 것이야말로 쓰임새의 다양성과 한계를 잊어버리는 경우다. 물론 인간의 쓰임새가 정해져 있다고 말하는 것이 아니다. 운명결정론을 믿는 것도 아니다. 여기서의 핵심은 자기의 한계를 인정하자는 것이고, 그 한계 때문에 우리 각자는 다른 사람을 필요로 한다는 것이다.

이와 같은 한계의 망각은 경계를 넘나듦을 뜻한다. 경계를 넘나들면 사물이나 인간을 잘못 쓸 수도 있다. 예를 들어, 땅을 효과적으로 파는 데 쓰이는 불도저는 그 본연의 일에만 국한돼야 한다. 그렇지 않고 만약, 단지 숟가락 용도의 문제가 아니라, 불도저가 시위를 진압하는 데 쓰인다면 어떻게 되겠는가? 그것은 용도 위반이기 전에 윤리적·도덕적 문제다.

더 나아가 불도저를 메타포로 사용할 때 메타포에도 한계가 있다. 부정적인 의미로 일을 마구 밀어붙이는 독재자를 그렇게 표현할 수도 있고, 일을 박력 있게 추진한다는 의미로 긍정적으로 사용할 수도 있다. 불도저의 메타포가 주는 범위는 대단히 넓지만 불도저가 메타포로 사용될 때는 사용되는 정황에 따라 의미의 한계가 주어지게 된다. 그러므로 우리가 글을 읽거나 언어생활을 할 때, 메타포의 한계를 직시하고 거기까지만 가야 한다. 메타포의 사용 한계를 넘어서 확대 재생산하면 원래의 한계적 메타포의 의미를 상실해버린다. 즉 불도저라는 메타포를 사용하여 일을 박력 있게 추진하는 사람을 말하고자 했다면, 그것이 의미이고 한계임으로 독재자의 의미로 이해되어선 안 된다는 말이다. 반대의 경우도 될 수 있다. 메타포의 원래 범위는 넓다 하더라도 어떤 현실에 사용되면(책이든 실생활이든) 사용된 메타포의 한계가 있음을 알아야 한다.

그러면 이런 메타포의 한계를 아는 것이 왜 중요한가? 정황적 의미를 알고자 하기 때문이다. 역사나 문맥에 존재하는 메타포의 의미를 캐고자 하는 것이므로 정황이나 상황마다 메타포의 의미가 달라질 수 있다. 따라서 모든 가능성의 해석이 다 가능한 것은 아니다. 요한복음에서 예수가 "나는 길이요 진리요 생명이니"라고 했을 때, '길'이라는 메타포의 예를 들면, 길이 주는 의미가 여러 가지 있을 수 있지만(다양한 해석이 가능하나) 그렇다고 모든 가능성이 열려 있는 것은 아니다. 여기에 이해와 해석의 어려움이 있다. 길이라는 메타포가 주는 의미를 어디다 두고 어떻게 뽑아내는지가 중요하다. 이 과정에서 해석 이론에 따라(혹은 본문 접근 방법에 따라) 메타포의 다양성을 이야기하고 여러 가지 의미를 끄집어낼 수도 있다. 하지만 다양한 해석이 어느 정도 가능은 하나, 그렇다고 문맥이나 본문 전반, 본문의 역사적 정황(이 경우, 요한복음을 기록한 저자 혹은 그 배경이 되는 공동체)을 무시한 채 자의적으로 끄집어내는 메타포의 의미는 원래 사용된 한계를 넘어서는 것이다. 물론 읽는 사람이 자의적으로 메타포의 의미를 만들거나 확대 재생산할 수는 있으나 그것은 또 다른 차원의 의미, 해석자의 의미에 가깝지 원래의 정황에 근거한 메타포의 의미와는 거리가 멀다. 우리가 성서를 읽을 때 중요하게 고려해야 할 점이 바로 이 정황적 메타포의 한계를 어떻게 이해하느냐 하는 것이다. 이를 이해할 때 좀 더 역사적이면서도 사회적인 의미를 도출해낼 수 있다.

나는 이 책에서 현대인의 신학적 관점으로 성서를 읽는 것이
아니라 성서의 각 책이 생성한 역사적·사회적 정황들을 깊숙이 들여
다보는 것에 관심이 있다. 즉, 그것은 결국 성서의 이야기를 읽을 때 누
구의 이야기, 누구의 음성에 더 귀를 기울이느냐 혹은 메타포가 어디까
지 말하는가와 관련이 있다. 예를 들면, 이스라엘의 역사를 다룬 성서
즉 여호수아서를 읽을 때 과연 우리는 가나안 사람들의 처지를 생각해
보았는지가 해석의 중요한 질문이 될 것이다. 또 여호수아서를 기록한
사관은 누구의 목소리를 대변하는지도 따져봐야 하고, 반대로 어떤 목
소리가 억제되었는지도 봐야 한다. 다른 한편으로, 바울서신을 읽을 때
그가 사용하는 몸(body)의 메타포에 대해서 말해보면 몸이 말하는 것
은 여러 가지 가능성이 있지만 그렇다고 모든 게 가능한 건 아닐 것이
다. 왜냐하면 그는 정황적인 사실을 메타포로 표현하고 있기 때문이다.
그래서 이러한 역사적인 정황을 (비록 복잡하고 여러 가지로 접근해야 함에도)
진지하게 고려하며 그 특수한 정황에 근거한 메타포의 한계적인 의미
를 잘 파악해내지 못하면 결국 우리는 우리가 원하는 대로 성서를 읽
든가 아니면 역사와 사회라는 정황성을 도외시하는 우를 범하게 된다.

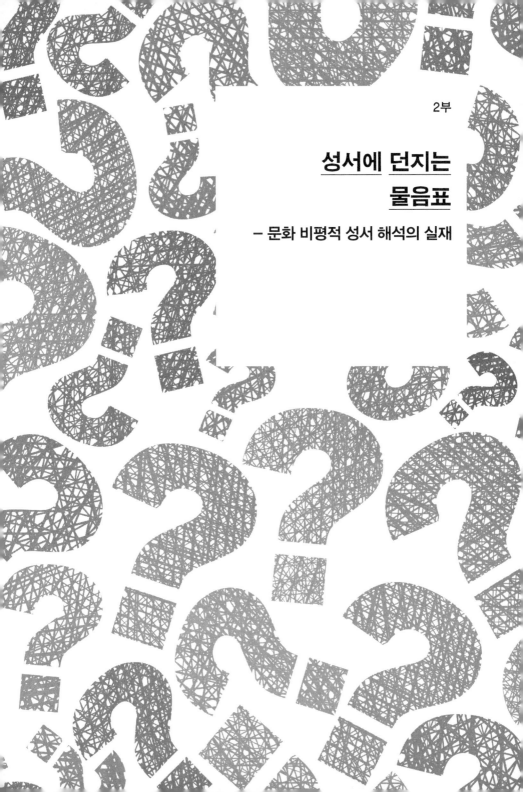

2부

성서에 던지는 물음표

- 문화 비평적 성서 해석의 실재

교만하지 말라는 게
바벨탑의 교훈일까?

흔히 바벨탑 이야기(창세기 11장)를 인간 교만의 대표 사건으로 보는 경향이 있다. 즉 사람들이 도시에 모여 탑을 쌓아 하늘에 닿게 하려는 것을 교만으로 해석하고 그래서 야훼가 이를 징계하려고 도시를 못 짓도록 언어를 혼동케 하였으며, 그 결과 사람들이 온 세상에 흩어져 사는 벌을 받았다는 것이다. 이처럼 언어 혼동과 세상에 흩어져 사는 벌은 인간 교만의 결과요, 하느님의 벌이라고 지금까지 많은 사람이 읽어왔다. 이런 전통적인 해석에 따르면 결국 다양성(다른 언어, 다양한 문화, 다양한 민족)은 하나의 장애물이요, 바벨탑에서 인간이 흩어지기 전의 상태, 한 언어 즉 통일성으로 나아가는 것을 목표로 삼아야 한다는 논리가 성립한다. 역사적으로 항상 통일성(Unity)이 선호되어왔고 다양성

(diversity)은 통제되거나 감시의 대상이 되어왔다. 이런 주제는 매우 흥미롭다. 역사를 공부하다 보면 결국 정치·경제 구조로 귀결되기에 당연히 지배 계층은 통일성을 선호한다. 그래야 통치가 쉽고 통제가 용이하며, 조직을 일사불란하게 운영할 수 있기 때문이다. 로마제국을 봐도 알 수 있다(모든 길은 로마로, 모든 힘은 황제로, 모든 경제의 중심은 로마로. 물론 로마 집중의 힘이 유지되는 한도 내에서 일정한 문화 종교의 자유는 허용되었다). 모든 사회현상 속에는 통일과 다양의 관계를 어떻게 설정하느냐가 매우 중요하다.

앞에서 살펴본 전통적인 해석과 다른 각도에서 이 바벨탑 사건을 읽으면 의미가 완전히 달라진다. 바벨탑 사건의 핵심은 인간 교만이 아니라 정치·경제에서 찾아야 한다는 것이다. 즉 사람들이 한 가지 말을 하며 모여서(흩어지지 않고) 힘을 집중하고 약자를 억압하는 도시의 구조와 지배력에 문제가 있다는 것이다. 왜냐하면 거기에는 단일성(Uniformity)과 획일성(Conformity) 문제가 대두되기 때문이다. 어떻게 알 수 있는가? 우선 창세기를 11장까지 쭉 개관하여 보면 계속 흩어지는 역사였고 그것이 권장됐다. 창세기 1장에서 생육하고 번성하고 온 땅을 다스리라고 했으니 당연히 흩어져야 가능한 것이다. 창세기 11장 바벨탑 이야기를 서술하면서 첫 번째 "사람들이 모여서"라는 모티브를 강조하고 이야기가 끝날 때는 이에 사람들이 흩어졌다고 되어 있으니 원인과 결과가 모임과 흩어짐에 있다 할 것이다. 그리고 탑을 쌓는 것을 교만의 행위로 볼 근거가 없다는 것이다. 도시에 모이면 당연히 건물을 짓는다. 오늘날 도시에 고층건물을 짓는 게 하느님에 대한 도전이라고 생각하지 않는 것과 다르지 않다. 그리고 결정적으로 언어를 혼동케 했다고 번역한 히브리어는 '발랄(balal)'인데 대개 이 단어는 '섞다'의 의미로 쓰인다. 음식을 만들 때 재료를 '섞는다'처럼 '섞다'를 굳이 부정적으로 볼 필요는 없다. 그냥 '섞어서' 언어를 다양하게 만들었다고 볼 수 있다. 왜냐하면 "하느님은 사람들이 다양한 문화와 사고 속에서 다양한 말을 하며 살아가게 하기 위해서"라고 읽는 것이 창세기의 전체 맥락과 어울리는 자연스러운 해석이기 때문이다.

　　이렇게 보면, 바벨탑 이야기는 일그러진 인류 역사(단일성과 획일성, 지배와 종속)를 새로 쓰기 위한 서막에 해당하는 이야기다. 창세기 12장 아브라함의 부름에서 새 역사가 시작되는 것이 아니라 이미 11장에서 그 출발을 예고하고 있다. 그것은 아브라함 이전에 하느님이 다양성을 이야기하는 것으로 읽을 수 있다는 것이다. 이런 맥락에서 보면 노아의 홍수 후에 노아와 맺은 언약(흔히 우주적 언약이라 함)의 중요성이 아브라함과 맺은 언약보다도 앞선다. 또한 노아의 언약은 전 인류를 대상으로 하는 것이니 위의 두 이야기(바벨탑과 노아 언약)를 종합하면 하느님에게는 아브라함 이전에 다양성이라는 큰 주제하에서 이미 온 인류를 향한 원대한 계획이 있었다고 읽을 수 있다. 그러므로 혹자는 말한다. 창세기 1-11장은 전 인류의 이야기(원역사)이자 이스라엘 이야기가 도입되기 전의 이야기로 그 중요성은 바로 다양성에 있고, 전 인류를 향한 하느님의 뜻이 담겨 있음을 읽어내야 한다고.

한 가지 덧붙이면, 요람 하조니(Yoram Hazony)에게서 힌트를 얻은 것인바, 가인과 아벨의 제사 이야기도 위와 같은 각도에서 읽을 수 있다. 가인은 땅의 힘으로 살아가는 자로 농사를 지어 그것으로 제사를 지냈고, 아벨은 양을 지키는 목자로 살며 그것으로 제사를 지냈다. 하늘은 가인의 제사를 받아들이지 않았으나 아벨의 제사는 기쁘게 받았다. 왜 그런가? 설명은 이렇다. 가인은 바벨탑 같은 문화의 상징이다. 자기 힘으로 살아가고자 하며, 그러다 보니 다른 사람들은 이용 대상일 뿐이다. 가인은 훗날 농사와 전쟁, 도시 문화, 제국의 아비가 되는 것이다. 한편 아벨은 유목민의 삶을 살며 도시와는 거리가 먼, 나름의 자유와 독립적인 생활을 하지만 경제적 생활은 고달프다. 내일이 기약되어 있는 것도 아니다. 도시와 떨어졌다는 것은 약자의 삶, 고립무원의 삶이다. 그러니 여리고 의존적인 마음이 되어 하느님이 보일 것이다. 아벨은 약자의 상징이자 하늘을 향한 열린 마음, 나그네 삶의 모형으로 이해할 수 있다. 하늘이 아벨을 귀히 여긴 것은 바로 그런 자세의 삶 때문이 아닐까? 약하고 부서지기 쉬운 마음, 내일의 보장은 없지만 늘 하늘을 의지하고 살아가야 할 존재. 그런 부서지고 약한 마음은 오히려 강한 인격이다. 왜냐하면 자기보다 더 큰 하늘의 힘을 얻기 때문이다. 또한 다른 사람들의 약함을 귀히 여길 것이다. 노자는 『도덕경』에서 물을 세상에서 가장 좋고 강한 것이라 여겼다. 물은 약하고 잘 깨어지지만 바위를 부수는 힘이 있다. 아벨은 바로 그런 타입의 인생을 대변한다. 약함으로 강하다는 바울처럼.

약속의 땅이란 미명으로
약자를 압살해도 되는가?

토라(Torah) 즉 창세기, 출애굽기, 레위기, 민수기, 신명기의 대(大)주제를 꼽으라면 '약속과 언약'이다. 그 시작은 창세기 12장에서 야훼가 아브라함을 불러 떠나라고 명령하는 데서부터이다. 이에 아브라함은 고향과 친척과 아비의 집을 떠난다. 이것이 시작이다. 이때 야훼는 아브라함에게 장차 큰 민족을 이루게 하고 그 이름을 빛나게 하며, 온 세상의 복이 되게 할 것이라고 삼중 축복을 내린다. 그로부터 창세기 15장에서 무조건적 언약을 맺고 언약식을 갖는다. 이런 조건 없는 언약은 다윗의 즉위에서도 발견된다. 사무엘하 7장에는 다윗의 왕조가 야훼에게 무조건적인 선택을 받고 영원히 존속될 것이라고 기록되어 있다. 세월은 흘러 이스라엘 백성이 출애굽하여 모세가 시내산에서 율법을 받고 다시 언약을 체결한다. 이는 일종의 조건부 언약이다. 율법을 잘 지켜야 한다는 조건이 붙은 것이다. 결국 약속과 언약의 정점은 신명기에 나와 있듯이 네 후손에게 이 땅을 주겠다고 하는 데서 찾을 수 있다. 하느님의 백성이라는 선민과 땅이라는 것을 결합하여 이스라엘을 탄생시키는 것이다. 그렇게 보면 한 개인에게서 시작한 약속과 신뢰의 역사가 후세에는 정치·사회에 영향을 미쳐 국가 형성 이념으로 발전한다. 고대 이스라엘과 다윗과 솔로몬 왕정 및 그 이후 남북 분열, 바벨론 포로기, 후기 포로기 등을 거치면서 이 약속과 언약의 모티브가 어떻게 변하고 어떤 역할을 그 시대마다 했는지를 살펴보는 것도 흥미진진할 것이다. 여기서 그것을 다루기에는 지면이 부족하고 주제가 또한 다르다. 하지만 중요한 것은 창세기 12장에서 시작한 약속과 언약의 이야기는 결국 정치적인 결실로 연결되며 곧 거기에는 땅, 사람, 경제가 같이 들어간다는 점이다. 약속과 언약은 분명 희망적인 요소, 쇠약한 데서 새로운 역사를 세우기 위해 혹은 고난의 역사를 견디고 희망으로 나아가기 위해 필요한 요소요, 선물이라 할 수 있다. 그런 의미에서 제한적이긴 하지만 약속과 언약의 역할은 분명히 있다.

　　동시에 그런 약속이나 언약의 상징성은 대단한 '힘'―스스로 힘을 재생산하고 반복적으로 그 힘을 집행하는―을 지니고 있다. 예를 들면, 다윗이나 솔로몬 왕정하에서 야훼는 왕을 지명하여 그 힘을 대리하고(다윗 왕조는 무조건 언약의 대상으로 체결됨), 왕은 야훼를 대신하여 백성을 통치하는 엄청난 힘을 부여받는다. 이 엄청난 힘은 실제로 백성을 효과적으로 제어하고 이용하는 측면이 있다. 고대사회의 정치·경제를 분석한 연구 결과가 지적하듯이 왕정이라는 것은 소수의 엘리트(왕, 궁정 관리, 제사장, 왕정 선지자, 지방 관료, 군부 장성 등)가 지배하는 사회였으며, 사회와 왕정을 유지하려면 질서와 세금이 필수였다. 그리고 그 반대급부로 중앙정부는 안전(적으로부터의 침입 방지 보호)을 보장해주고 또 징병을 하거나 노역에 사람들을 부르기도 했다. 결국은 정치·경제가 계층화된 조직이었다. 이를 뒷받침해주는 이념이 바로 신권정치, 다른 말로 하면, 약속과 언약에 근거한 정부라는 것이다. 그러므로 약속과 언약이 만드는 엄청난 힘은 '왕'이라는 상징과 성전(temple)을 통하여 자체적으로 제어와 종속의 기능을 하는 것이다. 상징적인 약속이나 제도 자체가 재생산하는 힘을 갖는다. 이것은 푸코(Foucault)가 신랄하게 비판하는 권력과 지식의 남용과 비슷하다. 푸코는 현대사회에서 지식이 권력화되고 여러 가지 형태의 인간의 자유를 억압하는 제도, 이념, 철학, 사회를 파헤쳤다. 지식의 무기화는 무서운 것이다. 아는 자가 지식을 유리하게 재생산하고 보급하여 주어진 권력을 유지한다는 것이다(Knowledge of power). 어쩌면 약속도 그런 역할을 하지 않을까. 하늘의 약속과 혜택, 선택 등을 내세워 거기에 맞는 지식과 제도를 생산, 재생산, 보급하고 이를 받아들이지 않으면 무서운 통제와 권력으로 징계하는 것이 문제로 보인다.

비슷한 이야기로 여호수아의 가나안 정복 이야기를 보라. 약속의 이름으로 다른 나라를 공격한다는 것 아닌가? 더욱 가공할 공포는 정복을 하느님의 주권이나 섭리로 이해하는 일이다. 그것이 진정 하늘의 길인가? 아니면 하늘의 길이라는 미명하에 선택한 인간의 추악한 길인가? 청교도들이 종교의 자유를 찾아 아메리카 대륙에 도착했을 때 그들이 믿은 것은 약속뿐이었다. 열심히 일하며 기적이 이루어지길 원했다. 그러나 그들은 약속 성취에 방해되는 것은 모조리 제거했다. 현지 원주민을 몰아내버린 것이다. 약속의 땅이란 진정 그러한 의미인가? 하늘의 길을 왜소한 소인배의 길로 만들어버리는 그런 약속이 진정한 약속인가? 우리만의 약속이 다른 나라, 다른 민족의 압제와 고통을 가져온다면 그런 약속은 무슨 의미란 말인가? 문제는 약속의 편협함이다. 하늘의 길을 따르는 자들의 약속은 온 세상을 품어야 하지 않겠는가? 창세기 12장을 보면 아브라함에게 복을 주는 목적이 나와 있지 않은가? 아브라함의 선택은 섬김을 위한 것이라는 사실을 상기해야 할 것이다.

아브라함이
어떻게 믿음의 조상인가?

창세기에서 아브라함에 관한 이야기는 12장부터 25장까지 나온다. 그의 이야기를 통틀어 보면 아브라함은 일관성 있는 인물도 아니고, 그렇다고 쉬운 삶을 산 것도 아니다. 고향과 친척과 아비의 집을 떠나면서 이미 그에게는 쉽지 않은 삶이 시작됐다. 아브라함은 일신상의 위험이 생기자 부인인 사라가 자기 누이라며 거짓말을 했고, 야훼의 약속을 신뢰하면서도 꾸준히 의심하거나 증거를 보여달라고 기도했다. 이를 보더라도 아브라함은 일관성이 없는 인물이며, 나아가 꽝장히 정의로운 사람이면서 동시에 대단히 소심한 사람 혹은 맹목적인 신앙을 지닌 사람으로 볼 수 있다.

아브라함의 정의감은 소돔과 고모라 멸망 이야기에 잘 나온다. 그는 그 도시의 멸망을 막으려면 의인 몇 명이 필요하냐고 야훼와 협상하며 떼를 쓴다. 적극적으로 자기의 의견을 개진하고 탄원하는 것이다. 그래서 어떤 학자는 이런 아브라함을 최대의 자율성을 확보한 사람이라고 말했다. 반면, 창세기 22장에 가면 그는 타율성에 지배받는 사람이 된다. 이삭을 희생 제물로 바치라는 명령 앞에 그는 한 마디도 하지 못하고 그대로 실행에 옮긴다. 이런 성격은 그 이전의 불같은 성격, 하느님에게 질문하고 따지고 협상하는 자세와는 사뭇 다르다. 오랫동안 기다려 얻은 약속의 자식이 소중하면 번제물로 희생해야 하는 이유를 따지는 게 당연하지 않은가? 야훼의 진노가 무서워 맹목적 순종을 한 것인가? 아니면 정말 대단한 믿음의 소유자라 자식보다 야훼를 더 사랑한 것인가? 그러면 이삭은 희생되어도 좋은가? 누가 이삭을 대신할 수 있나? 자식은 아비를 위해 죽어도 되는가? 혹자는 아브라함이 순종한 건 야훼가 책임질 것이라는 믿음이 있었기 때문이라고 한다. 물론 이런 해석도 가능하다. 그러나 이런 해석의 이면에 뿌리칠 수 없는 미련이 남는 것은 바로 그의 성격의 대비성 때문이다. 소돔과 고모라를 멸망시키지 않으려고 고군분투하는 그의 마음은 어디 가고, 그토록 사랑하는 자식을 볼멘소리조차 한 마디 하지 못하고 제물로 바치려 한단 말인가?

창세기 22장에서는 하느님이 아브라함의 믿음을 시험하기 위해서라고 이삭 번제 요구 이유를 밝힌다. 그러나 아브라함은 이 명령이 시험을 위한 것인지 모른다. 그러니, 아브라함이 시험인 줄 알고 그에 대응했다고 보는 것은 무리다. 다른 각도로 생각해보자. 하느님이 정말 그런 무지막지한 시험을 할 수 있는가? 윤리적 문제를 일으킨다. 키에르케고르는 이 이야기를 "목적상의 윤리 정지(the teleological suspension of the ethical)"라고 하여 하나의 예외 사건인 것처럼 이해한다. 그러나 칸트는 더욱 날카로운 비판을 한다. 문제는 우리가 어떻게 그것이 하느님께로부터 온 명령인지 알 수 있는가에 달렸다. 다시 말하면, 우리가 아브라함과 하느님을 이해하는 건 서술된 이야기 자체의 구조나 내용에만 달려 있는 것이 아니라는 점이다. 무엇보다 이야기 속의 하느님과 실제 하느님을 구분 짓는 것이 중요하고, 그것을 어떻게 할 수 있는가에 관한 질문을 하는 것이다.

　　나는 여기서 아브라함이 단순히 다중 인격이라거나 배울 가치가 없는 사람, 혹은 믿음이 없는 사람이라고 말하지 않는다. 아브라함의 전 생애를 있는 그대로 명암을 다 보면 좋지 않겠느냐는 것이다. 보고 싶은 것만 보고 보기 싫은 건 외면해버린다면 무슨 발전이 있겠는가? 아브라함이 위대한 것은 그의 인생이 한결같이 변하지 않고 강인했기 때문이 아니라, 거듭되는 굴곡과 연약함 속에서 오히려 교훈을 찾으려 했기 때문이다. 동시에 우리는 우리의 연약함을 아브라함의 삶—삶이란 으레 명암이 있기 마련이다—에 비추어볼 수 있다.

　　또 한 가지 간과하지 말아야 할 것은 이삭의 존재이다. 이삭은 제단으로 가기까지 자기가 제단에 바쳐질 계획이라는 것을 전혀 몰랐다. 하늘의 은혜로 양이 대신 제물이 되었지만 가슴을 몇 번이나 쓸어내렸을 것이다. 이삭은 무슨 죄인가? 이삭에게 믿음이 있었다면 아버지에 대한 신뢰였을 것이다. 그는 아버지를 따라 산으로 올라갔다. 참으로 있을 수 없는 광경이 자기에게 벌어지려 하고 있었다. 사실, 고대에는 아이를 번제물로 바치는 풍습이 많이 있었다. 이스라엘의 고대 사회도 예외는 아니었을 것이다. 여하튼 이삭이 받았을 충격이 본문에 나타나 있지는 않지만 가히 평생 따라다닐 만한 기억이 분명하다. 실제로 이 사건 이후로 창세기에서 이삭은 아버지와 함께하는 삶을 살지 않는다. 아버지와 아들은 따로 소원하게 인생을 살아간다. 혹자는 이렇게 이야기할 것이다. 이삭이 어리지만 믿음이 있어서 아버지를 따라갔고 자기가 제물로 바쳐지려 올려졌을 때도 순종했다고. 그러나 그것은 알 수가 없다. 자세한 설명이 본문에 없으니 말이다. 만약 이삭이 맹목적으로 순종했다면 그것은 건전한 야훼 믿음이라고 말하기 어렵다. 왜냐하면 야훼를 그렇게 야만적인 분으로 생각했다는 반증이기 때문이다. 우리가 이 이야기의 결론으로 확실히 알 수 있는 것은 하나다. 이삭이 제물로 바쳐진 것이 아니고 양이 바쳐졌다. 야훼는 사람 제물을 원하지 않는다는 것, 특히 어린이 희생을 원하지 않는다는 뜻이 깔려 있다.

사라와 하갈의
대조적인 눈물에 대해

창세기를 보면 하느님의 약속과 달리 오랫동안 자식이 없자 아브라함의 아내 사라가 견디다 못 해 몸종 하갈을 시켜 아브라함의 씨받이가 되게 하여 이스마엘을 잉태한다. 그로 말미암아 하갈이 사라를 업신여겨 결국 하갈은 자식과 함께 쫓겨난다. 그러나 하느님의 보호로 하갈이 다시 돌아와 사라에게 복종한다는 내용이 창세기 16장에(대개 J문서라 함) 기록되어 있다. 즉 여기서는 하갈이 전적으로 잘못하여서(업신여김) 축출되고 나중에 돌아와서는 복종한다는 내용으로 되어 있으나 비슷한 이야기가 창세기 21장(대개 E문서라 함)에는 달리 기록되어 있다. 즉 이삭이 태어난 후 이스마엘이 이삭을 놀리자 하갈을 내쫓으라고 사라가 아브라함에게 청한다. 이 때문에 아브라함이 괴로워하자, 하느님이 아브라함에게 사라의 이야기가 맞으니 사라가 시키는 대로 하라고 하여 하갈과 자식을 축출한다. 그러나 여기에서는 하느님의 손길을 광야에서 만난 하갈이 사라에게 다시 돌아간다는 내용은 없다. 나는 여기서 한 가지 사건이 서로 다르게 기록된 것을 가지고 둘 중 어느 것이 더 사실에 가까우냐를 이야기하고자 함이 아니다. 왜 이렇게 서로 다르게 묘사되었는가에 관심이 있다. 16장에서는 문제가 하갈에게 있으며 사라는 하갈을 지배하고 자신이 상전이라는 것을 확실히 해둔다. 그러나 21장에서는 하갈의 잘못이 전혀 지적되지 않는다. 대신, 사라의 시기가 발단이고 놀랍게도 이를 하느님이 승인하고 사라의 뜻대로 시행하라고 한다. 즉 "하갈을 내어 쫓아라, 네 자식은 사라를 통하여 주니 하갈과 이스마엘은 추방하라"는 것이다.

여기서 우리는 심각한 문제를 발견한다. 하느님의 속성이다. 야훼는 왜 사라를 두둔하여 그녀를 세우고 하갈을 험한 길로 내모는가? 이 이야기에서 우리는 어떤 하느님을 발견하는가? 과연 진정 하느님이 창세기 21장처럼 그런 하느님인가? 아니면 비평적인 눈으로 하느님을 재발견하겠는가? 즉 이것은 아브라함과 사라의 입장에서 기술한 하느님의 이야기인가? 그 다음 문제는 선택과 예정이라는 논리에 대해서다. 하갈을 내보내는 것이(즉 허락하는 것) 하느님의 뜻이라고 되어 있는데 과연 그런 하느님을 어떻게 생각해야 하는가? 창세기 21장에 갇혀서 그렇게 옹졸한 하느님으로 읽어도 되는가? 여기 나타나는 하느님의 모습은 신학에서 말하는 하느님과 같지 않다.

사라와 하갈은 둘 다 여인이다. 사라는 아브라함을 따라 오랫동안 동고동락했다. 여인은 사회적으로 약자의 위치이고 하느님은 주로 아브라함에게만 이야기하는 것으로 나온다. 가부장 사회라서 여성의 역할이 제한되어 있다 보니 여인으로서의 눈물도 있었을 것이다. 그러나 그런 약자의 눈물은 어디 간 것일까? 창세기 21장에서 보는 사라는 강자의 눈물을 흘린다. 몸종 하갈이 아들을 생산하자 (비록 자기가 계획한 것이라도) 질투심에 사로잡혀 견딜 수가 없으니 아마 분노의 눈물을 흘렸을 것이다. 그것은 원망과 시기의 눈물이다. 자기가 저지른 일이지만 모든 원인을 다른 사람에게 돌리는 교묘한 눈물이 바로 사라의 것이다. 힘 있는 자가 흘리는 눈물의 가증함을 보는 듯하다. 몸종으로 거느린 하갈을 자기 마음대로 아브라함에게 보내놓고 이제 와서 눈물 흘린다? 아무 눈물이나 다 같은 것이 아니다. 하갈을 생각해보라. 하갈도 인간이다. 하갈도 여인이다. 하갈이 어머니가 되었다. 비록 정실은 아니라도 말이다. 그런 모자를 쫓아낼 생각을 하니 그게 하느님의 뜻인가? 하갈의 처지에서 보라. 이 얼마나 비참하고 비통하고 원통한 일인가? 제 맘대로 (아브라함에게 씨받이로) 가라고 해놓고 이제 와서 보따리 싸들고 집을 나가라니! 하갈이 흘린 눈물은 원통하기 짝이 없는 약자의 눈물이다. 피해자의 눈물이다. 사라는 피해자가 아니다. 착각하지 말자. 그럼, 이스마엘은 어떠한가? 그 어린것이 무슨 죄가 있단 말인가?

저밖에 모르는 어른의 장난에 고사당하는 어린이를 보는 것 같다. 눈물은 다 같지 않다. 특히, 강자와 약자가 흘리는 눈물은 천양지차다!

　　어떤 사람은 설교할 때, 아브라함과 사라를 통해 약속의 씨앗을 주고자 했으므로 야훼가 하갈을 쫓아내도록 허락한 것이라고 열변을 토한다. 또 이 모든 게 야훼의 계획에 들어가 있다는 말로 사라의 야비한 행동을 감싸는가 하면 하갈을 추방한 것에 대해서도 중언부언 변명을 한다. 성서에 그렇게 쓰인 것은 아브라함과 사라의 처지를 대변하고 이용하는 후세 사람들에 의해 전승된 것이다(하지만 아랍 사람들은 다르게 본다. 그들의 『꾸란』에는 하갈과 이스마엘이 아브라함의 축복을 받은 것으로 되어 있다). 다시 말하면 성서 해석의 문제는 누구의 음성을 들어야 하는가에 달렸다. 힘 있는 자와 힘없는 자가 기록에 나올 때 우리는 힘 있는 자의 이야기를 듣고 그것을 본문의 의미라 여긴다. 그도 그럴 것이 텍스트는 힘 있는 자가 기록하고 전승하는 것이니 당연해 보인다. 히브리 성서를 보면 사회 시스템의 일부로서 노예제도가 인정되어 있다. 성서에 노예제도가 있으니 그것을 성서적이라고 할 수 있겠는가?

　　또 다른 예를 들면, 바울이 개척한 고린도 교회에서 많은 문제가 일어났다고 고린도전·후서에 나타나 있다. 그중 하나는 교회 내 성평등 문제. 고린도전서 11장과 14장을 보면 여성은 공동체 안의 예배에서 소란을 피우지 말고 남자에게 절대복종하라는 내용이 있다. 이것은 오늘날 많은 여성이 바울을 존경하지 않는 이유 중 하나가 되었는데 해석은 그렇게 간단하지 않다. 즉 바울을 그렇게 도매금으로 넘길 수 없는 면이 있다는 주장이다. 바울은 자신의 초기 서신에서 한결같이 남녀평등주의자다운 모습을 보이며 사역에서의 다양성을 존중했다. 그런데 그의 편지 중 유독 몇 군데에만 여성을 차별하는 듯한 내용이 있다. 이에 대해 전혀 그렇지 않다고 반론하는 견해가 있다. 고린도전서 11장과 14장에 나온 여성 차별적인 내용은 바울의 주장이 아니고, 그의 양성평등적인 생각에 대해 반기를 든 공동체 내 어떤 그룹의 음성이라는 것이다. 바울은 그들의 이야기를 인용하고 있을 뿐이라는 것이다. 실상 헬라어 텍스트는 마침표나 따옴표가 없기 때문에 문장이 어디서 끝나고 누구의 말인지 알기가 쉽지 않다.

　　내가 이처럼 길게 예를 든 것은 성서를 읽을 때 여러 가지 경쟁적인 음성을 본문에서 어떻게 구별하고 해석자로서 어떤 판단을 해야 하는지 강조하려는 의도다. 성서를 읽을 때 잊지 말아야 할 것은 성서의 각 부분에서 그려지는 하느님(물론 창세기에서는 하느님의 이름조차 다양하게 나오므로 많은 학자가 고대 이스라엘 초기 공동체들에서 각기 다른 신을 섬겼다고 본다)과 신학에서 다루는 하느님은 반드시 동일하지 않다는 것이다. 이 둘을 구분하지 않으면 많은 혼란을 야기한다.

성서에 나온
부전자전에 대해

창세기의 아브라함(아브라함 이야기는 여러 전승을 통하여 다양하게 기록되어 있다. 때로는 서로 상충되고 중복되는 이야기도 있다)과 그의 아들 이삭 이야기를 읽다 보면 부전자전(父傳子傳)이 적나라하고도 부끄럽게 느껴지는 대목이 나온다. 아브라함은 두 번씩이나 자기 아내를 누이라고 거짓말함으로써 목숨을 부지한다(창 12:10-20; 20:1-7). 그런데 이삭도 아내인 리브가를 누이라고 거짓말한다(창 26:6-11). 아브라함을 가리켜 믿음의 조상(여기서의 믿음은 루터적인 이분법의 '오직 믿음'의 믿음이 아닌 신뢰와 행위의 결합체인 깊은 뜻이 담긴 내용)이라고 이야기하면서 우리는 그의 어두운 면, 약점을 덮어두는 경향이 있다. 그러나 그의 인생 여정에 깃든 명암을 가리지 않고 있는 그대로 보며 교훈을 얻는 것이 중요하다. 아브라함의 거짓이 비슷하게 이삭에게 전수됐다는 것을 역사적·문학적·해석학적으로 설명할 수 없다. 다만 아버지의 행위를 아들이 그대로 재연하는 대목을 읽다 보면 부전자전이라는 단어가 저절로 생각난다. 부전자전의 무서운 점은 좋은 것이든 나쁜 것이든 그대로 전달된다는 것이다. 그러므로 부모 된 자는 자녀에게 어떤 역사적·윤리적 책임을 져야 한다는 교훈을 얻게 되는 것이다.

이삭의 두 아들, 야곱과 에서를 보면 더욱 흥미진진할 뿐더러 윤리적인 문제가 부각된다. 야곱이 형을 속인 것은 할아버지 아브라함과 아버지 이삭이 했던 거짓말과 닮은꼴이다. 더 문제인 것은 거짓 축복권이 실시됐다고 해서 어떻게 야곱에게 그대로 복이 갈 수 있는가 하는 것이다. 너무나 맹목적이다. 하느님의 축복이 속임수를 통해서도 효과를 발휘한다는 이야기로 읽어야 하는가? 야곱은 라반의 집에서 피난 생활을 할 때도 끊임없이 잔꾀를 부려 많은 재산을 모은다. 이것 또한 문제다. 수단을 가리지 않고 재산을 모으는 것이 합당한가? 도대체 이런 이야기에서 윤리적 교훈을 얻을 수 있는가? 그리고 하느님이 야곱은 택하고 에서를 미워했다는 이야기에서 잔혹한 선민사상이 탄생하고 있다는 것이다. 과연 하느님은 그렇게 하나는 선택하고 하나는 버림으로써 무엇을 얻는가? 또 그러한 선민사상으로 누가 득을 얻고 누가 피해를 입는가? 성서 이야기를 이런 잣대로 해석하면 결국 오만과 학대를 부른다. 가나안을 정복하고 모든 원주민을 없애라는 하느님의 명령을 어떻게 이해해야 할까? 이스라엘의 특별한 이야기로서 이스라엘에만 한정되는 이야기인가? 즉 어떤 교육적·신앙적·고백적 차원에서 이스라엘의 형성과 발전에 대한 하나의 전승으로서 하느님이 함께한 역사를 서술하고자 했던 것인가? 그렇다 하더라도 그 이야기의 섬뜩함은 하느님의 속성에까지 미친다. 더 중요한 것은 자칫 이런 정복의 역사는 이방을 무찔러도 괜찮은 것으로, 잔인한 선민의 하느님은 이방을 멸하는 하느님으로 읽힐 수도 있다는 사실이다. 이 얼마나 무서운 일인가? 로버트 워리어(Robert Warrior)는 미국 원주민 인디언의 입장에서 가나안 정복의 역사를 미국 인디언 정복의 역사에 비추어 그것이 주는 파괴적 효과에 대해 이야기했다. 이런 이야기를 과연 우리는 미리 선택한 것 때문에 무조건 하나는 사랑하고 하나는 미워해도 좋다는 논리로 읽어도 되는가? 그런 편파적인 하느님으로 읽어도 되는가?

　　부전자전 이야기는 야곱에서 끝나지 않는다. 열두 아들을 둔 야곱은 요셉을 편애했고 요셉은 형들의 시기를 자극하는 행동을 서슴지 않았다. 이에 아버지를 닮은 형들은 요셉에게 복수한다. 어느 날 심부름 온 요셉을 잡아 애굽의 상인에게 팔아버리고 그의 옷을 벗겨 피로 물들인 뒤 아버지 야곱에게 갖다 주며 요셉이 짐승에게 물려 죽었다고 거짓말을 한 것이다. 기가 막히게 복수당한 셈이다. 야곱이 늙은 아버지 이삭을 속여 축복권을 강탈한 것과 상당히 비슷한 부전자전 이야기가 아닌가? 나는 여기서 부전자전이 유전된다는 이야기를 하는 것이 아니다. 마치 원죄설을 주장하듯 부전자전은 필시 일어난다는 말을 하는 것도 아니다. 성서를 읽으면서 아브라함과 이삭, 야곱에 이르기까지 가족사를 살펴보니 부전자전적인 요소가 발견된다는 이야기를 하고 있고, 이를 통해 족장의 역사에 가려 자칫 도덕적 불감증을 가질 수 있는 성서 이야기의 숨은 부분을 드러내는 데 목적이 있다.

상반되는
지혜에 대해

히브리 성서를 읽다 보면 두 가지 신학 체계 혹은 신학 사상이 극명하게 대조되는 부분이 나온다. 바로 두 가지 다른 지혜에 관한 부분이다. 하나는 소위 토라의 신명기 역사관에 근거한 체계(주로 신명기에 기록된 역사관)인데 이는 일종의 권선징악, 인과응보에 가까운 사상이다. 즉 하느님의 말씀을 따르고 지키면 복을 받고 그렇지 않으면 대대로 징벌을 면치 못하리라는 것이다. 다른 하나는 욥기와 전도서에 나타난 지혜 문학의 음성인바, 이것은 이런 단순한 인과응보 사상에 대해서 회의한다. 왜냐하면 선인도 불행을 겪고 고통을 당하는 것이 인생의 경험에서 나오는 엄연한 현실이기 때문이다. 더욱이 죄 없이 죽임을 당하는 의로운 죽음 앞에 끓어오르는 분노와 하느님의 정의에 대한 도전이 매우 심각한 인생 역사의 질문이기 때문이다. 이렇게 보면 두 가지 사상이나 체계가 서로 다른 인생 경험 혹은 삶의 정황에서 탄생되어 서로 다른 측면의 지혜를 내포하고 있다고 할 수 있다. 둘 다 맞다거나 둘 다 틀리다는 게 아니라 둘 모두를 각각의 삶의 정황에서 이해할 수 있어야 한다는 것이다. 물론 상황에 따라 어느 한쪽에 더 큰 의미를 둘 수도 있다. 그러나 중요한 건 어느 한쪽 지혜를 모든 인생 상황에 적용하는 태도는 위험하다는 것이다.

　　　전자의 사상은 아주 전형적인 인생 경험에서 나오는 지혜이다. 그것은 동서양을 막론하고 가질 수 있는 보편적인 내용이고 많은 사람이 그렇게 믿었고 또 해석하고 적용해왔다. 예를 들면, 이스라엘이 멸망하여 바빌론에 포로로 잡혀가고 나라가 없어졌을 때, 그들은 지나간 과거를 돌이키며 자기들의 비극을 자기들의 죄로 돌렸다는 것이다. 분명히 좋은 해석이고 경험이다. 다시 발전하기 위한 순서다. 개인의 경우도 이와 비슷하다. 일이 잘되면 하느님을 기쁘게 해서 그렇다거나 하느님이 예뻐해주어서 그렇다고 생각한다. 이것은 좋은 동기가 될 수 있다. 좋은 일은 좋은 일이니까. 그런데 욥을 보아서 알 수 있듯 분명히 후자의 사상, 즉 인과응보 논리로 해결되지 않는 어두운 그림자가 이 세상에 반드시 존재한다. 욥의 친구들은 전자의 사상을 대표하며 욥에게 끈질기게 회개하라고 촉구한다. 네가 이렇게 된 것은 네가 모르는 죄 혹은 네 자식들이 지은 죄 때문일 것이라고. 욥은 이에 항변한다. 그렇지 않다고. 이것이 바로 보통의 지혜로는 설명할 수 없는 인생의 어두운 그림자다. 여기서 말하는 지혜란 뭘까? 여러 가지로 대답할 수 있겠지만 중요한 것은 보통의 잣대, 즉 전자의 사상으로 다른 사람을 재단하거나 정죄하지 않는 것이 지혜라면 지혜일 것이다. 그 무엇도 도와줄 수 없으며 뭐라고 설명해줄 수도 없다는 것을 깨닫는 지혜―그러나 그 가운데서 인생의 나약함을 알고 신과 가장 가까이서 상통하는 그런 위치―가 내가 말하는 또 다른 지혜의 일면이 아닌가 한다.

그러므로 인간 생활에서 우리가 구분해야 할 것은 '나는 안다'와 '나는 모른다'이다. '나는 안다'라고 분명히 해야 할 때가 있고, '나는 모른다'고 해야 할 때가 있다. 모르는 것을 안다고 확신하거나 아는 척하는 것은 한 개인뿐만 아니라 그와 관련한 많은 사람에게 해를 끼친다. 반대로 '나는 안다'라고 해야 할 상황에서는 그렇게 해야 한다. 예를 들면, 요한복음 9장에 나오는 소경이 눈을 뜨는 이야기에서 소경과 부모는 분명히 말한다. "누가 고쳤는지 그가 무엇 하는 사람인지 그의 정체에 대해서 잘 모르지만, 확실한 것은 이 아이가(혹은 내가) 전에는 소경이었다가 지금은 똑똑히 보게 되어 정상적인 시력을 회복한 사람"이라는 것이다. 즉 긍정적인 경험을 긍정적인 자기 고백 언어로 표현하는 것이 필요하다. 그 이상 나아가는 것은 위험할 수 있다.

몇 년 전 동남아에서 쓰나미 태풍이 일어나 많은 사람이 죽었을 때, 한국의 한 목사가 "예수 안 믿어 그 나라에 재앙이 일어났다"

고 말했다. 조금만 신중히 들여다보면 죽은 사람 중에 예수 믿는 사람이 많이 있었음을 알았을 것이다. 그러므로 우선 이런 말은 논리조차 성립되지 않는다. 로스엔젤레스에 지진이 나거나 혹은 교통사고로 전도유망한 젊은 기독교인이 안타깝게 죽었다고 해보자. 또는 훌륭한 목사님이 주일예배를 마치고 고속도로를 가는 중에 사고로 죽었다고 가정해보자. 이것을 무엇으로 설명해야 하나? 모르면 모른다고 하는 것이 지혜다. 그런 어려운 경험을 통해 오히려 우리에게 주는 교훈이 다른 곳에(즉 흔히 신학적 논리로 설명하려는 것이 아닌) 있지 않은지 끊임없이 사색하는 것이 옳지 않을까 한다. 알 수 없지만 분명히 인생의 일부인 어두운 그림자를 직시하며 때로는 수용하고 때로는 투쟁하거나 몸부림치며 헤쳐 나가는 과정이 필요하기에 그것이 있는지도 모른다. 물론 그것조차 모르는 일이지만.

룻기에 대해:
누구를 위한 해석인가?

룻기(Ruth)는 역사서에 속하는 것이 아니고 시가적인 소설에 가깝다. 그래서 유대교 전통에서는 이것을 역사서에 포함하지 않고 다섯 두루마리(Five Scrolls: 아가, 룻기, 예레미야애가, 전도서, 에스더)에 넣어 분류했다. 룻기는 짧지만 읽기가 매우 까다롭다. 그 이유는 등장인물 중 누구에게 초점을 맞추고 누구의 이야기를 읽고 감흥 받을 것인지 모호하기 때문이다. 누구나 룻기를 읽으면서 다음과 같은 문제 상황에 직면한다. 즉 초점을 맞추어야 할 사람이 나오미와 룻, 아니면 하느님? 아니면 오르바 혹은 보아스? 어떤 부분의 이야기가 감동인가? 나오미와 룻이 살기 위해 보아스를 유혹하는 것? 룻이 조국을 버리고 시어미를 따라가는 것? 보아스가 룻에게 은혜를 베푸는 것? 아니면 조국을 버리고 떠나지 않은 나오미의 다른 며느리, 오르바? 누구의 관점에서 이 이야기를 읽을 것인가? 유대인 아니면 모압 사람들? 이야기의 전체 주제적인 측면에서, 이 이야기는 나오미와 룻의 공고한 우정과 사랑을 이야기한 것인가? 아니면 경제적, 생존적 실존 앞에서 포기하는 대신 수단과 방법을 가리지 않고 목적을 쟁취하는 것? 보아스의 은혜가 중심인가?

　　이처럼 읽기가 까다롭고 난해한 룻기에는 한편, 윤리적으로 문제되는 부분도 있다. 목적을 위해 성을 이용할 수 있는가? 시어머니가 며느리를 부려도 되는가? 이런 문제점들을 고려하면서 여러 가지 읽는 관점을 요약하겠다. 그리고 결론적으로 우리 모두 이 이야기를 어떻게 읽을 것인가에 대한 대답을 생각해보자.

　　나오미 가족은 흉년이 들자 모압 지방으로 내려간다. 나오미의 남편은 엘리멜렉이며 두 아들은 말론과 기룐이다. 나오미 가족은 이방 땅에서 설상가상으로 집안의 남자를 모두 잃는다. 이제 남은 것은 미망인 나오미 그리고 두 며느리뿐이다. 룻과 오르바. 여인들이 헤쳐가야 할 세상, 참 기가 막힐 노릇이다. 가부장 사회, 농경 사회에서 여인이 헤쳐가야 할 세상이란 가히 상상조차 하기 어렵다.

　　나오미는 결단한다. "조국으로 돌아갈 것이니 너희는 여기 너희 조국 모압 곧 너희 고향에서 잘들 살아라." 이 같은 나오미의 결단에 룻과 오르바의 대답은 정반대다. 룻은 시어미를 따라 어디든 가겠다며, 제 조국과 가족을 뒤로하고 기꺼이 당신을 따르며 야훼 신앙으로 평생을 살겠다고 다짐한다. 며느리가 시어머니에게 하는 맹세치곤 지나친 감이 없지 않다. 무덤까지 따라가겠다는 말과 다를 것이 없으니 말이다. 그러나 오르바는 현명하게 알아차리고 자기 집, 고향으로 돌아갔다. 어떻게 보면 그녀는 효녀다. 시어머니 말씀을 잘 듣고 순종했으니 말이다. 그리고 자기 고향으로 돌아가 친정 부모, 형제, 친척과 살게 되었으니 효녀요, 착한 언니, 다정한 동생이었던 셈이다. 더욱이 자기 조국 모압을 지키겠다는 마음이 없지 않았으리라.

여기서 두 며느리의 태도를 놓고 해석이 나뉜다. 유대 전통 입장에서는 룻을 선호한다. 룻이 조국을 버리고 이스라엘을 선택했고 또 야훼 신앙을 따라 모든 것을 받아들이고 귀화하겠다고 했으니 환영할 만하다. 그러나 이스라엘이 아닌 이웃나라 입장에서는 오르바가 진정한 삶의 모델이다. 조국과 고향, 문화와 종교를 버리고 다른 문화와 종교에 순응하며 살 수 없다는 결단을 보여주었기에 그녀를 진정한 애국자로 보는 것이다. 오르바의 선택은 오르바가 책임지는 것이며 그게 옳았다는 것은 심정이 간다. 그러나 룻기에서 오르바 이야기는 이 이후로 숨어버리고 그녀에게 무엇이 일어났는지 알 수 없다. 만약 이야기가 오르바의 삶에까지 연결됐다면 더 흥미진진했을 것이다.

다음으로 나오미에 대한 해석도 여러 갈래로 나뉜다. 나오미를 좋게 보는 쪽에서는 그녀의 결단과 삶의 의지, 며느리와 함께 지혜롭게 삶을 가꾸어가는 모습을 부각한다. 이처럼 집안에 남자가 없는 상황에서 가정을 꾸려야 한다는 중압감과 한을 안고 살아가는 나오미에게 무한한 박수를 보내는 사람이 많다. 어떻게 보면 나오미는 사무엘의 어머니 한나처럼 여인의 깊은 한을 보여준다 하겠다. 현실의 막막함과 답답함 앞에서 세상을 탓하랴, 하늘을 탓하랴, 자기를 탓하랴. 나오미는 비통과 절망의 심정으로 야훼를 원망하고 친족의 무관심을 섭섭해하며 조국으로 돌아갔다. 혼자가 아닌 게 마음에 걸렸을 것이다. 차라리 혼자라면 그냥 그대로 절망의 나락 저 깊은 곳으로 몸을 던져 모든 걸 포기하고 싶었을 것이다. 자기를 목숨처럼 따르는 룻을 보며 아마 나오미는 진퇴양난에 빠진 게 아닐까? 룻을 위해서라도 살아야겠으나 며느리와 같이 살아가는 것이 결코 쉬운 일만은 아니다. 살지도 죽지도 못하는 상황에서 나오미가 선택할 수 있는 것은 무엇인가? 그녀에게 생존은 단순한 생명 연장 이상이다. 룻을 통한 가정의 부활일 것이다. 희망을 보려고 했을 것이다. 이루지 못한 한을 자기희생으로 이뤄보고자 했을 것이다. 누가 이런 나오미를 손가락질하겠는가?

　　그러나 나오미의 문제점을 지적하는 이들도 있다. 나오미가 시어머니로서 며느리를 조종하고 룻의 성을 이용하여 보아스에게 계획적으로 접근한 것은 문제가 있다는 견해다. 이런 관점의 사람들은 목적을 위하여 수단을 정당화할 수 없다는 논리를 편다. 나오미에게는 자손이 없어서 자손을 이어줄 룻이 필요했고, 자손의 번창을 위해 훌륭한 친척이자 재력가인 보아스를 엮어준 것이다. 오늘날에도 웃지 못할 일이 벌어지고 있다. 동남아에서 성을 파는 소녀에게 물었다. 왜 그렇게 사느냐고. 돌아온 대답이 놀라울 따름이다. "성경의 룻기에 보면 룻이 가족을 위하여 성을 판다. 나도 그렇다. 고생하는 가족을 위해 기꺼이 성을 판다."

혹자는 보아스의 넓은 아량을 높이 평가해야 한다고 이야기한다. 보아스는 룻이 자기에게 접근하는 의도와 계획을 알고도 그녀를 호의로 받아주며 나중에 나오미 가문을 일으켜준다. 보아스와 룻은 다윗의 조상이 되었다는 이야기로 연결되는 로맨스다. 지금까지 간단하게나마 여러 갈래의 해석을 알아보았다. 어떤 해석을 따라갈지는 바로 문화 비평적 해석의 잣대로 독자 스스로 결정해야 한다. 물론 어떤 인물을 존경하고 따르고 싶다 하더라도 완벽하고 흠이 없기를 바라서는 안 된다. 그런 인물은 없기 때문이다. 우리가 해야 할 일은 그 인물을 왜 따라야 하고 어떤 점에서 문제가 있는지 꼼꼼하게 따지면서 전체적인 이야기 파악의 긴장을 늦추지 않는 것이다.

예수의 죽음을
어떻게 이해할 것인가?

예수의 죽음은 역사적 사건이니 역사적 상황이 있을 것이고 죽음에 이르게 된 이유가 있을 것이다. 복음서별로 죽음에 이르기까지의 내용, 이유, 의미가 조금씩 다르다. 그 다름에 대해서 이야기하기 전에 공통으로 한 가지 이야기할 수 있는 것은 죄를 대속하기 위해 죽으러 온 건 아니라는 사실이다. 특히 공관복음서라 칭하는 마가, 마태, 누가복음서를 보면 죄 용서와 회복은 회개할 때 일어난다. 세례를 받을 때 회개하고, 언제든지 그렇게 할 수 있다. 그러면 죄 용서를 받는 것이다. 죄의 문제를 해결하려고 굳이 예수가 죽어야 할 이유가 없다는 것이 복음서를 읽어보면 나타난다. 주기도문을 보라. 예수가 뭐라고 기도하라고 하는가? 우리가 다른 사람을 용서해줌과 같이 우리 죄도 용서해주기를 기도하라고 요구한다. 하느님께 용서를 구하고 마음을 돌이켜 하늘의 길로 달려가는 것이 회개다. 그러니 죄 용서는 예수의 죽음과 관계없이 일어났던 것이 복음서 이야기 전개상 나온다. 많은 기독교인이 이런 이야기를 들으면 아마 적잖이 놀랄 것이다. 그러나 복음서는 역사적·문학적·신학적 기록이므로 그 누구의 교리보다 앞서야 할 근거가 된다.

　　복음서는 예수가 죽음에 이른 이유를 무엇이라고 보는가? 우선 공통으로 기술하는 사유는 예수가 그 당시 유대인 정치·종교 지도자들에게 미움을 받아서 죽었다는 것이다. 미움을 받은 이유는 반전통적이고 과격한 하느님의 통치에 대해서 전파하고 행동으로 옮겼기 때문이다. 창녀와 세리와 어울리고 그들을 보듬고 같이 식사한다는 것은 지배계급, 전통적 종교 논리로는 납득이 되지 않는다. 왜냐하면 하느님은 힘 있는 자들의 편이기 때문이다. 예수의 과격한 하느님의 통치 사상으로 기득권 계급의 존망이 위태롭기 때문이다. 매우 실질적인 이유가 아닌가? 단순한 신학 논쟁만으로는 사람을 죽이지 않는다. 물론 그럴 수도 있겠지만, 복음서 전반에 흐르는 예수가 죽은 이유는 바로 그가 말하고 행동한 결과라는 것이다. 달리 말하면 하느님 나라를 외치다 죽은 것이다. 자, 이런 가설을 세워보자. 만약 예수의 하느님 나라 선포가 그 당시 사람들 즉 지도자들은 물론이고 유대인들에게 잘 전달되고 환영받았다면 십자가를 질 일이 있었을까? 단언컨대, 없었을 것이다. 분명한 논리 아닌가? 복음서를 읽어보면 이런 가설이 성립한다.

예수의 죽음을 어떻게 이해할 것인가?

위와 같은 공통적인 이유가 있지만 각 복음서별로 예수에 대한 이해와 죽음의 의미가 조금씩 다르다고 이야기했는데, 이제 그것을 잠시 살펴보기로 하자. 마가복음부터 시작하자. 현재 통설로는 마가복음이 가장 먼저 기록됐다고 한다. 마가복음에는 매우 인간적으로 고뇌를 하는 예수의 모습이 나온다. 고난의 잔을 두고 씨름하며 가능한 한 피하고 싶다고 기도한다. 그러나 내 뜻대로 말고 아버지의 뜻대로 하겠다고 다짐한다. 십자가 상 앞에서도 시편 22편을 인용하여 "나의 하느님, 나의 하느님, 왜 나를 버리셨나요?"라고 외롭고 괴로운 마지막 절규를 한다. 이런 예수의 모습이 역사적 예수의 모습인지 아닌지 알 길은 없다. 그러나 인간적 고뇌의 모습은 닮지 않았을까 생각해본다.

한 가지 짚고 넘어가야 할 것은 마가복음에서 이해하는 고난의 예수에 관해서이다. 다시 말하면, "왜 마가복음(저자나 마가 공동체가 있다고 생각해보자)에서 예수를 그렇게 인간적으로 고뇌하는 모습으로 그렸겠느냐"라는 질문이다. 재미있게도 마가복음에서 제자들은 매우 이해가 부족하고 선생을 오해하며, 자기 밥그릇만 챙기는 이기적인 사람들로 나온다. 남을 위한 봉사나 헌신보다는 자기 눈앞의 이익만 챙기는 그런 제자들을 두고 예수는 고독한 싸움을 하는 것이다. 그러다가 결국에는 예루살렘 정치·종교 지도자들의 제물이 되는 것이다. 마가복음에서 말하고자 하는 예수의 죽음은 바로 하늘 뜻을 위해 힘들고 고통스러운 길을 가는 하늘의 아들 모습이다. 그리하여 두려움에 사로잡혀

제 잇속만 챙기는 마가 공동체에 경종을 울리며 진정한 봉사의 자세를 견지하고 고난의 길을 담대히 가도록 권고하고 격려하는 것이다. 온갖 박해와 경제적 불이익, 여러 힘든 상황에서도 예수가 고뇌의 잔을 들었듯이 결국 그렇게 나아가라는 것이고, 그러할 때 종국에는 하늘의 승리로 귀결되리라는 응원이다.

마태복음도 기본 틀은 큰 차이가 없다. 예수의 고난과 고뇌를 마가복음처럼 그리고 있다. 그러나 유대인들의 문제점에 대한 내용에서는 다르다. 예수는 참사랑의 실천이 없는 유대인들의 이중인격을 꼬집는다. 법을 알고도 제대로 행하지 않는 일, 법을 알되 잘못 알고 약자를 괴롭히는 일, 자기 자랑과 교만에 빠져 이웃의 아픔을 외면하는 행태를 꾸짖는다. 이런 질책으로 미움을 사고 오해를 사서 종국에는 십자가를 지게 된다. 여기서 중요한 건 예수가 분명히 율법을 폐하러 온 것이 아니고 완성하러 왔다(5:17)고 말했다는 점이다. 예수는 유대인의 하느님, 율법과 사랑의 하느님을 새롭게 혹은 제대로 해석한바, 그 초점은 바로 공명정대한 하늘의 사랑이었다. 예를 들어, 안식일에 병자를 고쳐주었을 때 사람들은 예수에게 따졌다. 왜 안식일에 금지된 일을 하느냐? 예수는 이렇게 대답한다. "안식일이 사람을 위해 있지, 사람이 안식일을 위해 있는 것이 아니다." 정말 명쾌하고 예리한 해석이 아닌가? 안식일은 그냥 맹목적으로 지키라고 있는 것이 아니다. 안식의 뜻은 쉼이다. 하늘이 쉬고, 땅이 쉬고 모두가 평화와 안식을 찾는 날이 안식일이다. 그런 날에 병자가 발생했다면 당연히 고치고 함께해야 진정한 안식일의 의미가 찾아지지 않겠는가? 그러니 예수는 안식일의 정신을 똑바로 이해하고 이를 사람들에게 깨우쳐주는 것이다.

누가복음에서는 예수가 죽은 이유와 의미가 다르다. 우선, 선지자로서의 과감성과 죽음을 두려워하지 않는 마음이 이야기 전개상 처음부터 끝까지 흐르고 있다. 4장을 보면, 유대인 회당에서 이사야 61장을 읽고 강론한 후 거의 죽을 뻔했다. 엘리야, 엘리사 선지자가 이스라엘에 병자와 약자가 있어도 이방 땅에 먼저 가서 그들을 도와주고 치료했다고 말한 것 때문이다. 이때 예수는 선지자가 고향에서 환영받지 못하고 비참하게 죽을 것을 예감하고 있었다. 그러나 마가복음이나 마태복음에서처럼 고난을 두려워하거나 고뇌하는 모습은 없다. 예루살렘 여인을 향하여 너희를 위해 울라 말했고, 십자가에 달려서 유대인들을 향해 무지한 저들을 용서해달라고 기도했으며, 죽을 때도 내 영혼을 아버지께 의탁한다고 하였다. "하느님 왜 나를 버리셨나요"라는 기도는 없다. 그 이유는 예수의 죽음을 선지자의 죽음으로 묘사하기 때문이다. 누가복음 저자가 쓴 사도행전을 보면 베드로가 유대인들 앞에서 설교를 한다. 설교 핵심은 너희가 예수를 잘못 알고 죽였다는 것이다. 메시아로서, 하늘의 아들로서 그가 하는 일을 이해 못 하고 오해로 잘못 죽였다는 것이다. 그것이 그들의 가슴에 양심의 가책을 불러왔고, 회개하며 많은 사람이 돌아왔다고 기록하고 있다. 이미 살펴봤듯이 누가복음-사도행전의 주장은 예수가 진정한 메시아인 줄 모르고 잘못 죽였다는 것이다. 그래서 그것을 회개하는 것이 하느님의 사랑을 회복하는 길, 메시아의 길을 이해하고 새롭게 사는 길이라고 한다.

이제 요한복음을 보자. 요한복음도 전반적인 이야기 전개상 예수가 죽음에 이른 이유를 공관복음서(마가, 마태, 누가)와 크게 다를 바 없이 기술한다. 즉, 하늘의 뜻을 전하고 실천한 결과로 유대인 지도자들의 미움을 받았다고 보도한다. 그러나 죽음을 묘사하는 대목은 매우 다르다. 예수는 스스로 자기의 죽음을 초연하게 생각하고 대처한다. 누가복음과는 또 다르다. 요한복음에서 예수는 죽음을 가리켜 영화로운 순간이라고 말한다. 물론 이것은 죽음을 미화하는 말이 아니다. 죽음을 겁내지 않고 하늘의 뜻을 펴는 것이니 그 결과로 오는 죽음은 당연하면서도 영광스런 순간이라고 여기는 것이다. 순교를 찬미하거나 고난을 찬양하는 의미로 해석되지는 않는다. 죽음에 대한 표현 방법을 영광으로 연결한 것뿐이다. 왜냐하면 죽음 자체가 중요한 게 아니라 죽음을 불사한 희생정신이 중요한 것이기 때문이다. 다시 말하면, 희생과 봉사, 섬김의 정신을 그리는 것이다. 그래서 요한복음에서 예수가 보여준 섬김의 모범은 매우 중요하다. 직접 제자들의 발을 씻겨주는 예식은 오직 요한복음에서만 볼 수 있다. 제자들에게 너희도 이렇게 행하라고 가르치는 것이다.

위에서 살펴보았듯이 복음서 전반으로 보면 죄의 대속을 위해 예수가 죽었다는 내용은 없다. 대속에 대한 이론은 훨씬 이후에 개발되고 적용된 것이다. 가장 유명한 것은 안셀름(Anselm, 11세기)의 대속 이론(Satisfaction theory)이다. 요지는 이렇다. 하느님의 공의는 매우 지고하고 값이 비싸서 그에 상응하는 값으로 갚아야 한다. 즉 죄인을 용서해주려면 그만한 값(지고지순한 값)을 치러야 하느님의 의가 충족된다는 것이다. 그래서 죄 없는 예수의 죽음이 필요한 것이다. 죄 없는 자의 희생이라야 하늘의 공의가 충족된다는 논리다. 이런 이해는 일면 매우 논리적이지만 복음서의 뒷받침, 곧 근거가 약하다. 그 외에도 예수가 대신 처벌을 받았다는 이론(penal substitution theory)이 있다. 이 또한 복음서 저자들과 1세기 상황에서 보면 매우 생소한 이야기다. 예수의 죽음에 의미를 부여하는 것은 분명 신학적 의도이고, 위에서 보았듯이 복음서들도 분명히 그렇게 하고 있다. 그렇지만 복음서들은 후세 사람들이 만든 대속 이론을 뒷받침하지 않는다. 그렇기에 나중에 생긴 여러 대속 이론이 주는 신학과 복음서들이 말하는 예수의 죽음의 의미를 구분해야 한다.

만사 믿음 형통?:
바울의 예수 죽음 이해

바울서신에서 말하는 죽음에 대해 간단히 살펴보자. 서신은 장르상 어떤 삶의 스토리를 말하는 복음서와는 다르다. 그러므로 예수의 죽음이나 죽음에 이르는 과정을 묘사하지 않는다. 그렇다고 해서 바울이 예수가 죽은 이유와 의미를 이야기하지 않은 것은 아니다. 직간접적으로 그의 서신에서 표현한다. 바울은 예수의 죽음을 이야기할 때 "십자가에 처형된 그리스도"라는 표현을 즐겨 쓰며, 처형된 이유는 그의 신실한 순종 때문이라고 기술한다. 하느님의 의를 이 땅에 실현하기 위해 몸소 위험을 감수하고 약자의 편에 서서 불의에 도전했기 때문이라는 것이다. 바울은 그런 예수의 삶과 죽음에 깊은 감동을 받아 결국은 자기의 옛날 아집을 꺾고 십자가에서 죽은 예수가 메시아라고 고백하는 인생의 반전을 이룬다. 예수가 단순히 십자가에 달려 죽었기 때문이 아니다. 많은 사람이 바울을 오해하는 부분 중 하나가 바로 이것이다. 바울이 예수의 죽음에 대해서만 말할 뿐 그의 삶이나 희생에 대해선 무시하거나 모른다고 한다. 이것은 오해다. 바울은 예수 당대의 사람이고 여러 소식통을 통해 예수의 행적과 죽음에 이르게 된 과정을 다 들었을 것이다. 그의 회심이 나중에 일어난 일임을 보아도 그는 예수에 대해 조사를 했을 것이고 자신의 좁은 생각을 나중에 뉘우친 것으로 볼 때 절대 예수에 대해 문외한일 수 없다. 그런 바울이 예수의 십자가 처형을 이야기하면서 하느님의 의와 연결한 것은 당연히 정치적·실제적인 의미가 있다.

바울은 유대인이므로 유대 전통과 성서를 잘 알고 있었고, 하느님의 의라는 표현을 썼다. 이 말에는 바로 하느님 주권적 의미가 포함되어 있다. 하늘의 의는 온 세상을 밝은 빛으로 비추는 것이어야 하므로 정치와 종교가 분리될 수 없다. 21세기의 정치와 종교 분리라는 틀로 1세기를 읽어서는 안 된다. 로마서 3장 22절에서 바울은 분명히 이야기했다. "하느님의 의가 예수 그리스도의 믿음을 통하여 모든 믿음의 사람에게 나타났다." 여기서 믿음은 물론 어떤 사실을 믿는 것이 아니고 의지하고 순종하고 따르는 헌신을 의미한다. 이러한 바울의 고백은 다분히 이스라엘의 하느님 주권을 이야기하며 그 하늘의 옳음과 정의는 온 땅에 충만해야 한다는 것이다. 그것이 그의 아들 예수를 통해

이 땅에 현현했다고 보는 것이 바울의 생각이다. 또한 그러한 현현의 과정이 십자가로 연결됐다는 것이 바울의 논리적 귀결이다.

그래서 바울은 그의 죽음을 "죽으라"고 한다. 자기도 날마다 십자가에 "죽는다"고 한다. 죽는다는 것은 단순히 자기 교만이나 아집을 죽이는 것이 아니라 하늘의 법, 사랑의 법, 성령의 법을 거스르는 온갖 육체의 소욕, 욕심, 권력, 일체의 장애물을 죽이는 것이다. 이러한 사람이라야 성령의 인도를 받는 사람, 하늘의 사람이라고 바울은 이야기한다(로마서 8장 참조). 바울은 매우 실제적인 신학자였다. 그는 예수를 믿음으로 한 번에 새로운 사람이 되고 죄에서 해방된다고 하지 않는다. 죄에서 해방되는 유일한 방법은 죄가 내게 왕 노릇 못 하도록 나의 생각과 행실을 성령의 생명의 법에 맞추고 날마다 육체의 소욕, 권력, 온갖 나쁜 습성을 제어하고 죽이는 것뿐이라고 한다. 그러니 죄로부터의 해방은 예수가 가져다주는 일회적 사건이 아니고, 의롭게 되는 것도 일회적 사건이 아니며, 오로지 의롭게 사는 것만이 중요하다. 의롭게 사는 길은 평생 이어져야 하고 날마다 죽어야 가능하다. 그런 사람만이 하늘의 백성이다. 얼마나 실제적이며 논리 정연한 이야기인가? 그래서 바울이 예수의 죽음을 강조한 것이다. 그 죽음은 바로 하늘의 의를 펼친 결과다. 얼마나 숭고한 희생인가? 그것을 본받으라는 것이다. 바울의 이러한 신학에 대해선 이후에 나오니 거기서 다시 살펴보자.

그런데 바울 이후로 이러한 바울의 신학이 점차 희석되고 약화되고 오해되어 마침내 '만사 믿음 형통'이라는 주장까지 나오게 되었다. 이런 사상을 배격한 것이 기록에 나온다. 그것이 바로 야고보서이다: 영혼 없는 몸이 죽었듯이, 행함 없는 믿음은 죽은 것이다(약 2:26). 이 얼마나 상식적인 사실인가? 그러나 실제로 사람들 중에는 상식조차도 아랑곳하지 않고 "믿음으로만"이라고 주장하며 사는 무리가 있다. 이런 오해는 아마도 바울서신을 잘못 읽은 결과가 아닌가 한다. 로마서 1장에 바울은 하박국 2장 4절을 인용하면서 "오직 의롭다고 하는 사람은 믿음으로 사는 것이다"라고 한다. 이 구절은 마르틴 루터도 오해한 부분이다. 믿음으로**는** 사는 것에 걸린다. 믿음으로(즉, 하느님을 신뢰하고 그의 뜻을 따르는 헌신이 수반되는) 사는 사람이 의로운 사람이라는 말이다. 그것이 하박국에서도 읽히는 내용이다. 믿음으로 의롭게 되는 뜻이 여기에 없다.

　　　　"그럼에도 바울 이후에 예수의 믿음이 아니라 신자의 믿음만을 강조하는 배경에는 예수의 죽음을 통한 죄 문제 해결에 집착하기 때문이다. 그러다보니 그가 왜 죽었는지를 알려 할 때 그의 믿음을 도외시하게 되는 것이다." 이것은 바울 이후 서신들에서 잘 나타난다. 예수의 믿음이 아니라 예수를 믿는 믿음으로 그 강조점이 옮아간 것이다. 히브리서에 가면 그 절정에 이른다. 히브리서에는 예수의 죽음이 성전 제사를 무력화할 뿐만 아니라 예수의 제물은 완벽한 속죄물이라고 한다. 이러한 예수의 완벽한 희생 제사는 유대교 시스템 자체를 무너뜨린다고 한다. 히브리서의 입장은 예수가 유대교를 대체한다고 보면 맞을 것이다.

지금까지 예수가 죽은 실제적 이유와 의미에 대해서 바울서신 그리고 바울 이후 서신으로 나눠 간단히 살펴보았다. 신약성서를 떠나서는 역사적 예수를 연구할 수 없다. 왜냐하면 역사적 예수에 대한 기록이 미미하기 때문이다. 그러나 역사적 예수를 연구하는 데 힘이 드는 것은 신약성서가 기원후 1세기 중엽과 2세기 초 사이의 기록이기 때문이다.

예수가 말하는
세상에 대해

"그러므로 나는 분명히 말한다. 너희는 무엇을 먹고 마시며 살아갈까? 또 몸에는 무엇을 걸칠까 하고 걱정하지 마라. 목숨이 음식보다 소중하지 않느냐? 또 몸이 이웃보다 소중하지 않느냐? 공중의 새들을 보아라. 그것들은 씨를 뿌리거나 거두거나 곳간에 모아들이지 않아도 하늘에 계신 너희의 아버지께서 먹여주신다. 너희는 새보다 훨씬 귀하지 않느냐? 너희 가운데 누가 걱정한다고 목숨을 한 시간인들 더 늘일 수 있겠느냐? 또 너희는 어찌하여 옷 걱정을 하느냐? 들꽃이 어떻게 자라는가 살펴보아라. 그것들은 수고도 하지 않고 길쌈도 하지 않는다. 그러나 온갖 영화를 누린 솔로몬도 이 꽃 한 송이만큼 화려하게 차려 입지 못하였다. 너희는 어찌하여 그렇게도 믿음이 약하냐? 오늘 피었다가 내일 아궁이에 던져질 들꽃도 하느님께서 이처럼 입히시거든 하물며 너희야 얼마나 더 잘 입히시겠느냐? 그러므로 무엇을 먹을까 무엇을 마실까, 또 무엇을 입을까 하고 걱정하지 마라. 이런 것들은 모두 이방인들이 찾는 것이다. 하늘에 계신 아버지께서는 이 모든 것이 너희에게 있어야 할 것을 잘 알고 계신다. 너희는 먼저 하느님의 나라와 하느님께서 의롭게 여기시는 것을 구하여라. **그러면 이 모든 것이 너희에게 더하여질 것이다.** 그러므로 내일 일은 걱정하지 마라. 내일 걱정은 내일에 맡겨라. 하루의 괴로움은 그 날에 겪는 것만으로 족하다."

-마태복음 6:25-34(공동번역 성서, 고딕 강조 부분은 필자의 번역)

마태복음 6장 25-34절은 자주 읽히는 본문인데 많은 오해가 있는 것 같다. 예수는, 너희는 목숨을 위하여 무엇을 먹을까 무엇을 마실까 무엇을 입을까 염려하지 말라 한다. 그리고 들의 백합화를 보고 공중에 나는 새를 보라고 한다. 그들은 싸우지 않고도 잘 산다는 것이다. 그런데 사람들은 서로 많이 가지겠다고 싸우고, 있는 사람은 덜 가진 사람의 것을 뺏으려고 으르렁거린다. 강자가 약자를 누르고 지배하는 약육강식의 시대상이 마태복음의 본문 배경에 있다 할 것이다. 로마제국 아래서 일반 평민, 노예들의 삶이 피폐한 것은 자명한 일이다. 이런 시대를 배경으로 떠올리며 이 본문을 읽어보라. 예수가 대비하는 것은 두 가지 다른 세상이다. 하나는 자연의 질서, 자연의 세상이다. 백합화는 싸우지 않고 때를 따라 피고 지고 아름답게 존재하는 것이고, 공중의 새들도 사람처럼 다투고 싸우지 않지만 자기 필요에 따라 잘 먹고 잘 산다. 이와 다른 세상은 바로 인간들이 사는 세상이다. 창조 질서와는 정반대로, 싸우고 지배하며 존재하려고 하는 세상을 꼬집는 것이다. 목숨을 유지하려면 의복과 음식이 필요하지만 그것을 핑계로 지나치게 많이 가지려고 남의 것을 착취하거나 불공정하게 이루어지는 경제 분배가 문제인 것이다. 적당히 필요한 것만 가진다면 자연 세상처럼 될 텐데 말이다. 그러니 여기서 예수가 문제 삼는 것은 세상 일을 걱정하는 사람들의 태도가 아니고, 그것을 얻기 위해 혈안이 되어 수단과 방법을 가리지 않는 불의, 불평등한 세상의 행태다. 자기 필요한 만큼만 가져가면 세상에는 많은 게 남을 것이고 부족함은 없을 것이다. 32절에서 말하는 하느님을 따르지 않는 사람들이 사는 방법은 서로 싸워 많이 가지려 한다는 것이다. 하느님을 따르는 삶은 반대로 하늘의 길을 존중하고 사는, 즉 착취하지 않고 나누는 삶이다. 그래서 33절에서 "너희는 먼저 하느님의 나라와 하느님께서 의롭게 여기시는 것을 구하여라"라고 하였다. 그의 나라는 하느님의 사랑과 평화, 정의가 숨 쉬는 곳이며 그것은 바로 여기 이 땅에서 시작된다는 것이다. 그의 의는 하느님의 속성인 옳음 혹은 정의를 말한다. 하느님이 옳다는 것은 그의 창조물이 그의 옳음에 맞게 살아가야 한다는 것이다. 어떻게 가능한가? "그의 길을 따르라"이다. "노력하며 살아라"이다. 무슨 첩경이 있는 것이 아니다. 나누며 살아라. 필요한 만큼만 수확하고 나머지는 남겨두든지 남는 것은 나누라. 그렇게 살면 세상이 풍요로울 것이다. 그래서 33절 후반에 "그러면 이 모든 것이 너희에게 더하여질 것이다"라고 하였다. 하느님의 뜻대로 사는 곳에는 풍족함이 넘쳐난다는 뜻이다.

　　　이와는 반대로 흔히 상기 본문을 이렇게도 읽는다. 세상과 천국을 이분법적으로 나누고 세상 일보다 중요한 것은 하느님 나라 일, 혹은 교회 일, 신앙적인 일이니 무엇보다 거룩한 하느님 일을 먼저 열심히 하면 그 결과로 하느님이 이 세상의 모든 필요한 것을 풍성하게 채워주리라는 것이다. 이처럼 "기도하고 신앙생활 열심히 하면 풍성하게 가진다"고 가르치는 자가 대부분이다. 과연 그럴까? 과연 그것이 마태복음에 나타난 메시지일까? 나는 그렇게 생각하지 않는다. 왜냐하면 마태복음은 유대적인 복음 중 하나이고 여기서 예수는 하늘의 아들로서 하느님의 주권이 이 땅에서 이루어질 걸 강조하는 것이다. 하늘과 땅이 구별되는 이분법적인 사고는 유대교적인 사상도 아니고 히브리 성서에 강조되지도 않는다. 그런 이분법은 당연히 헬라 철학의 영향이다(플라톤).

　　　이런 유대교적인 사상은 바울에게서도 발견할 수 있다. 그는 고린도후서 8장에서 출애굽기 16장 18절을 인용하면서 많은 자는 너무 많지 않고 적은 자는 너무 적지 않게 하라고 한다. 또 많은 자와 적은 자의 균형을 맞춰야 한다면서 남는 것을 부족한 쪽에 나눠주라고 권한다. 그렇게 하면 훗날 상황이 역전됐을 때 마찬가지로 도와주고 도움을 받게 되는 건전한 관계가 형성된다고. 이런 사상은『도덕경』에서도 찾아볼 수 있다. 참된 사람의 길은 자연의 원리를 따르는 것인데 웅덩이는 메워지고 언덕은 낮아지고 낮은 곳은 채워지는 조화와 균형의 원리다. 노자도 자연에서 교훈을 얻고 예수도 자연을 소재로 진리를 설파한다. 재미있지 않은가? 진리는 멀리 있는 것이 아니다.

포도원 일꾼의
비유에 대해

"천국은 마치 품꾼을 얻어 포도원에 들여보내려고 이른 아침에 나간 집 주인과 같으니, **그가 하루 평상의 일당을** 품꾼들과 약속하여 포도원에 들여보내고, 또 제삼시에 나가 보니 장터에 놀고 서 있는 사람들이 또 있는 지라. 그들에게 이르되 너희도 포도원에 들어가라 내가 너희에게 **합당한 것을** 주리라 하니 그들이 가고, 제육시와 제구시에 또 나가 그와 같이 하고, 제십일시에도 나가 보니 서 있는 사람들이 또 있는지라 이르되 너희는 어찌하여 종일토록 놀고 여기 서 있느냐. 이르되 우리를 품꾼으로 쓰는 이가 없음이니이다. 이르되 너희도 포도원에 들어가라 하니라. 저물매 포도원 주인이 청지기에게 이르되 품꾼들을 불러 나중 온 자로부터 시작하여 먼저 온 자까지 삯을 주라 하니, 제십일시에 온 자들이 와서 **하루 평상의**

일당을 받거늘, 먼저 온 자들이 와서 더 받을 줄 알았더니 그들도 **하루 평상의 일당을** 받은지라. 받은 후 집 주인을 원망하여 이르되 나중 온 이 사람들은 한 시간밖에 일하지 아니하였거늘 그들을 종일 수고하며 더위를 견딘 우리와 같게 하였나이다. 주인이 그 중의 한 사람에게 대답하여 이르되 친구여 내가 네게 잘못한 것이 없노라 네가 나와 **하루 평상의 일당을** 약속을 하지 아니하였느냐. 네 것이나 가지고 가라 나중 온 이 사람에게 너와 같이 주는 것이 내 뜻이니라. 내 것을 가지고 내 뜻대로 할 것이 아니냐. 내가 선하므로 네가 악하게 보느냐. 이와 같이 나중 된 자로서 먼저 되고 먼저 된 자로서 나중 되리라."

—마태복음 20:1-16(개역개정판. 고딕 강조 부분은 필자의 번역).

앞에서 본 마태복음 6장 이야기와 같이 읽어볼 구절이 20장 1-16절이다. 예수가 말한 비유적인 이야기를 담고 있다. 어떤 포도원 주인이 일꾼이 필요해 아침에 거리로 나가 일꾼들을 구했다. 임금은 평상적인 일당으로 주겠다고 했다. 여기서 주의해야 할 단어가 바로 '평상 일당'이다. 즉, 하루 먹고 살 만큼 주겠다는 것이다. 물론 식구가 많고 적음에 따라 차이가 나겠지만 그 돈이면 큰 불편은 없을 것이라 생각되는 정도의 일당이다. 주인은 점심때 나가서 일꾼을 또 불렀고 마찬가지로 평상 일당을 약속했다. 또 다시 주인은 해가 다 지려 할 무렵 거리에서 놀고 있는 일꾼들을 발견하고 말했다. 왜 아직도 이렇게 놀고 있느냐? 그러자 대답하기를, 아무도 자기들을 고용해주지 않아 놀고 있단다. 기막힌 노릇 아닌가? 그들은 놀고 싶어 노는 게 아니라 일을 하고 싶어도 일을 할 데가 없으니 그러고 있는 것이다. 오늘날 이런 문제가 얼마나 심각한가? 여하튼 주인은 이들을 불러 마찬가지로 평상 일당을 약속하며 포도원으로 들여보냈다. 하루 일이 끝나고 임금을 지불할 시간이 왔는데 주인이 제일 늦게 일을 시작한 사람들부터 평상 일당을 주었다. 그러자 아침 일찍부터 일을 시작한 사람들은 은근히 이 사람들보다는 많이 받을 것이라 기대했다. 그런데 자기들도 늦게 일하러 온 사람들과 똑같은 평상 일당을 받았다. 그래서 주인에게 너무 불공평하다고 불평하며 따졌다. 그러자 주인은 단호하게 말했다. 모두에게 평상 일당을 약속했고, 그 약속에 따라 똑같이 지급했으므로 자기는 잘못한 일이 없다고. 이어서 주인이 말하기를, "내 것으로 내 사람들에게 내 마음대로 할 수 없느냐? 내가 관대한 것이 잘못되었느냐? 처음이 나중이 되고 나중이 처음 된다." 여기서 주인이 말하는 것은 주인에게 힘이 있으니 자의대로 아무렇게나 할 수 있다는 게 아니다. 하느님에게 힘이 있으니 뭐든 하느님 마음대로 할 수 있다는 것이 아니다. 여기서 주인이 강조하는 건 바로 정의다. 이 세상이 하느님의 포도원이라 생각해보라. 많은 사람이 고용되어 열심히 일을 할 수 있어야 할 것이다. 또 모든 일꾼에게는 동등한 임금이 필요하다. 왜냐하면 부양해야 할 가족과 먹어야 할 배는 다 같기 때문이다. 즉 주인에게는 모든 일꾼의 가족을 보듬는 것이 중요하다. 우리가 여기서 읽어야 할 것은 포도원 주인의 관용이다. 필요에 따라 배분하는 경제 개념이다. 그것이 바로 하늘의 정의인 것이다.

위의 이야기에서 얻는 교훈, 곧 평균 일당의 의미는 왜 중요한가? 앞에서도 보았듯이 사람들의 필요는 일정하고 크게 차이 나지 않는다. 먹고사는 데 필요한 것은 평균적으로 비슷하다. 그러므로 필요 이상을 가지고 있다는 자체가 문제가 되는 것이다. 비록 자본주의하에서 합법적으로 벌었다 하더라도 필요 이상을 가지고 있는 자체가 문제다. 이유는 간단하다. 예를 들어보자. 내가 돈이 많아 은행에 저축해 놓았는데 어떤 사람은 돈이 없어 굶어 죽는다면 그것이 어떻게 정의인가? 나의 풍요가 오히려 사회의 악이 아닌가? 남는 것을 재분배하는 사회가 아름다운 사회다. 필요한 만큼 거두고 남는 것은 다른 사람이 가져가게 하는 정신, 그것이 바로 위 포도원 이야기의 핵심이다. 주인의 관심은 누가 더 능력이 많고 똑똑한가, 누가 일을 열심히 했나 이런 것이 아니다. 주인의 관심은 모든 일꾼이 그날 먹을 게 있는가, 가족들은 함께 지내며 먹을 게 있는가 이런 것들이다. 이런 주인이 바로 마태복음에서 말하는 하느님이다. 자기 것을 마음대로 하는 권위주의적인 하느님이 아니고 모자라고 부족한 부분을 채우려고 애쓰는 그런 분이다. 그것이 불편부당한 하늘의 길, 땅의 길이다.

예수가
길이다?

요한복음 14장 6절을 보면 "내가 곧 길이요 진리요 생명이니 나로 말미암지 않고는 아무도 아버지께로 올 자가 없다"라고 한다. 많은 기독교인이 이 구절을 인용하며 예수만이 구원의 길이며, 나아가 기독교에만 구원이 있고 다른 종교에는 구원이 없다고 한다. 과연 그런 의미일까? 이 구절의 의미를 역사적 상황에서 이해하려면 역사적으로 이 문서의 전통을 전승받고, 편집하고, 기록한 요한 공동체의 상황을 알아야 한다. 대개 공통된 의견으로, 요한 공동체는 서기 80-100년경에 유대교에서 축출된 소규모 집단으로서 박해와 신앙 노선의 어려움을 겪고 있었다. 왜냐하면 유대교 내에서 예수를 메시아라 전하는 것은 곧 그들이 박해 대상이 되기 때문이다. 요한 공동체는 모(母) 공동체인 유대교와의 경쟁 내지 싸움에서 살아남아야 한다는 문제를 안고 있었다. 이런 사회적 상황하에서 요한복음의 논조와 강렬한 이분법적인 어휘들(예: 빛과 어두움)을 이해해야 한다. 즉, 힘없고 쓰러지기 직전의 이 공동체에 힘을 불어넣고 유대교와 대항하여 생존하고 발전해 나가야 한다는 절박함을 이해해야만 요한복음을 제대로 읽을 수 있다. 그렇다면 요한복음에 나타나는 수많은 확약의 구절(14:6을 포함하여)은 공동체를 살리려고 하는 말씀으로 이해할 수 있다. 말씀의 수취인이 공동체 구성원, 곧 사회적 약자라는 것이다. 예수가 길이고 진리라는 말씀을 다른 종교나 민족에게 적용하려고 쓰지 않았다는 논리가 된다. 오늘날 상황이 거꾸로 되어 힘 있는 기독교가 힘없는 다른 종교나 민족에게 이 말씀을 강요하는 것은 원래의 취지에 반하는 결과다. 주객이 전도되었다 할까?

　　그 다음으로 살펴볼 것은, 과연 '길', '진리', '생명'이 무엇인가 하는 점이다. 우리는 이를 다각도로 살펴봐야 한다. 성서 해석 방법에 따라 다양한 의견과 해석이 가능하다. 우선 간단한 예를 들면, 요한복음 전체를 문학작품으로 살펴 '길', '진리', '생명'이 어떻게 쓰였는지 살펴보아야 한다. 물론 이에도 다양한 방법이 있다. '길'은 여러 가지를 상정한다. 그중 하나가 예수의 삶이다. 그의 삶 속에 깃든, 약자를 귀히 여기고 소원한 신인 관계를 회복하게 하는 그런 삶의 메시지를 듣고 우리 모두는 진정한 '해방'이나 '자유'의 길로 나아갈 수 있다. 그러므로 인종이나 성별에 관계없이 똑같이 사랑하는 하느님의 사랑을 전하는 그의 삶의 방식과 철학이 곧 그분이 우리에게 보여준 길이라는 것이다. 사실 요한복음서를 보면 최초의 제자는 사마리아 성 우물가에서 만난 이름 없는 여인이다. 그녀는 이방인이자 여인이요 사회경제적 약자였다. 그런데 예수의 가르침으로 깨달음을 얻고 새로운 삶을 시작하게 된다. 그것이 예수가 보여준 길이다. 그것은 하느님의 사랑이라고 표현할 수도 있을 것이다.

예수는 요한복음에서 분명히 자기의 사명을 적시한다. 자기는 하느님이 보낸 자로서 하느님의 일을 하는데, 그 일이란 바로 생명을 풍성하게 하는 일이라고. 생명의 풍성함은 종합적인 개념이다. 정치·사회·경제·심리·신학을 포함하는 개념이다. 약자가 일어나고 정의가 샘솟는 것이 생명의 풍성함이다. 그렇게 하기 위해 필요한 것은 건전한 생명 신학과 생명 윤리다. 그것을 가져야만 가능한 것이다. 예수는 자기의 육체와 피가 음식과 음료라고 하며 자기희생을 강조한다. 그것이 길이고 하느님이 보여준 길을 예수가 다시 보여주고 실천하고 있는 것이다. 예수는 자기를 믿지 않아도 자기가 하는 일을 보고 하느님이 보낸 자라는 것을 믿으라고 말씀했다. 중요한 것은 그 '일'을 보라는 것이다. 요즘은 일은 없고 이름만 있는 경우가 많다. 그 일이 생명의 풍성함을 가져오는가를 보아야 할 것이다. 그렇지 않을 때 요한복음 14장 6절은 무기가 되어 원래의 의도와는 달리 상대방을 복종시키는 도구로 쓰일 것이다. 그래서 예수가 길이라고 할 때, 그 의미의 깊음과

넓음을 반드시 헤아려 사용할 것을 권한다.

　　　　마지막으로, 예수가 말하고 따르는 길을 이해하려면 요한복음에 나타난 예수를 살펴볼 필요가 있다. 예수는 자신은 하느님이 보낸 자이고 아버지보다 작으며, 아버지와 함께 일하고 아버지의 일을 한다고 말했다. 자기가 하느님이라고 말한 적은 없다. 아들로서 아버지의 일을 하는 것이다. 그 아버지의 일은 이 땅에 생명을 풍성케 하는 것이었다. 그에게 올가미를 씌우려는 자들은 유대 종교 지도자들이었다. 하늘의 아들이라 하니 신성모독 죄인이라고 몰아붙였다. 그러나 예수는 분명히 항변한다. 하늘 아버지가 보낸 아들이 어떻게 하느님인가? 나는 아들로서 아버지의 일을 할 뿐이라는 것이다. 요한복음 10장에서 아버지와 아들은 하나라고 한 것을 가리켜 마치 예수가 곧 하느님임을 증거한다고 보는 사람도 있다. 그러나 이 또한 오해다. 여기서 핵심은 함께 일한다는 것이다. 예를 들어, 내가 가족이 모두 모인 자리에서 우리는 하나라고 말했다고 해서 나와 자녀들이 동등한 사람이라는 의미는 아닌 것과 같은 이치다. 가족으로서 뜻을 모아 한 마음으로 열심히 살아가자는 뜻이 담겨 있다. 혹자는 요한복음 1장을 이용해 예수의 하느님 됨을 주장하기도 한다. 이 또한 문제가 있다. 1장 1절부터 14절까지 예수 이름은 한 번도 나오지 않는다. 그 부분의 중심 주제는 로고스(Logos)다. 태초에 하느님과 함께 있었다는 것은 로고스다. 로고스의 뜻은 헬라 철학 개념으로는 우주 생성 운행 원리, 최상의 힘, 최상의 덕이라 할 것이다. 그러나 유대 전통과 히브리 성서를 살펴보면 로고스는 바로 하느님의 영에 가깝다. 창세기 1장에서 하느님의 영이 창조에 동참했다. 또 로고스는 지혜의 영, 창조 세상을 끌어가는 힘으로 보인다. 어쨌든 요한복음 1장에서 이야기하는 것은 바로 이런 종류의 히브리 성서 개념의 로고스일 가능성이 높다.

14절에 가면, 비로소 로고스가 육체가 되었다는 구절이 나온다. 미루어 보건대 여기서 육체는 아마 예수를 지칭하는 것이 아닌가 한다. 해석의 문제는 이 메타포적 문장 구성에 있다. 로고스가 무엇이고 육체가 말하고자 하는 핵심은 무엇인가. 전통적·보수적 기독교 견지에서는 '로고스는 예수'라고 한다. 이런 시각으로 1절까지 거슬러 올라가서 예수가 하느님과 함께 있었다고 주장한다. 그러나 '로고스는 예수이고, 예수는 하느님'이라는 등식에 문제가 있다. 왜냐하면 로고스는 예수 이전에도 있었고 예수 이후에도 존재했기 때문이다. 히브리 성서 개념에서 로고스는 하느님의 영 내지 지혜의 영으로 창조 때부터 계속 존재하는 것이다. 예수도 요한복음에서는 보혜사 영이 온다고 했지 자기가 다시 온다고 하지 않았다. 인자가 속히 온다고 한 마가복음이나 세상 끝날까지 제자와 함께하겠다고 약속한 마태복음과 달리 요한복음에는 특별한 영이 온다고 나온다. 바로 이것이 핵심이다. 로고스는 하느님의 영으로서 예수와는 구별되어 존재했고 계속 활동하므로 예수와 동일시할 수 없다는 것이다. 요한복음에서 예수는 아버지께 기도

하여 보혜사 성령을 보내겠다고 했고, 그가 오면 자기의 일과 가르침을 생각나게 할 것이라 했다. 그 성령이 제자들과 공동체의 삶에 관여하며 도와주리라고 한 것이다.

따라서 로고스가 곧 예수라는 등식에 문제가 있고 여기에 동의하지 않는다. 그 이유는 이것을 메타포로 읽어야 하기 때문이다. 로고스가 육체가 된다는 것은 상징적 문장이다. 그것 곧 로고스(하느님의 영)가 육체가 되었다는 문장의 초점은 예수가 되었다는 데 있는 것이 아니라 하늘의 길, 하늘의 의, 하늘의 힘이 이 세상에 구체적으로 나타났다는 데 있다. 즉, 육체는 이 세상의 삶을 이야기한다. 하늘의 길이 유한한 인간을 통해 나타났다. 그리하여 사람들이 그 길을 듣고, 보고, 깨닫고 살아가게 되는 것이다. 이런 시각으로 14절을 읽으면 "로고스는 예수를 통하여 이 세상에 나타났다"이다. 로고스가 예수가 아니라 예수의 삶을 통해 하늘의 뜻이 이 땅에 나타났다는 뜻이다. "예수는 로고스를 산 분이다"라고 말할 수도 있다. 실제로 요한복음에서는 여러 번 예수는 "하느님의 로고스"라는 표현을 썼다(14:24; 17:14). 예수는 제자들에게 하늘의 로고스를 전해주었던 것이다. 세상에 하늘의 로고스를 펼치고 온 몸으로 살았던 것이다. 그것이 로고스를 사는 사람의 희생이요, 대가이다. 예수는 아버지가 자기를 세상에 보냈듯이 제자들을 세상으로 보낸다. 가서 하늘의 진리를 증거하라는 것이다. 빌라도 앞에 섰을 때도 분명히 말했다. 나는 진리를 증거하러 이 세상에 왔다(요한 18:27).

그는 로고스 증거자의 삶을 살았다. 그것이 하늘 아들의 길이었고, 그것이 메시아의 길이었다.

　　로고스를 예수, 예수를 하느님으로 등식화하는 해석은 결국 예수가 이야기한 하늘의 길과 하느님을 주목하지 못하게 한다. 손가락으로 달을 가리키면 달을 보아야 하듯이, 예수가 손으로 지목한 것은 하늘의 길, 하느님의 뜻이었는데 그것을 보지 않고 예수만 바라보며 찬양하고 경배하는 것은 더 중요한 걸 놓치는 것이다. 요한복음 8장에서 예수는 이렇게 이야기한다(8:30 이하). "그냥 믿음은 아무 힘이 없다. 기적을 믿고 어떤 사실을 믿는다는 것은 아무것도 아니다. 너희들이 나의 가르침(로고스를 구현하는 삶과 가르침)에 따라 살면 너희는 나의 진정한 제자가 될 것이다." 그렇다. 하늘의 길을 따르며 사는 자가 예수의 제자이고, 로고스를 사는 자이며, 하늘의 아들인 것이다. 계속해서 말하기를, "너희가 그런 삶을 살면 진리를 알고 진리를 증거하는 사람이 될 것이다. 그런 진리의 삶이 너희에게 진정한 자유를 가져다줄 것이니, 자유는 한 번에 압제에서 광명으로 넘어가는 일회적 사건이 아니라 제자로서 계속 증거하는 삶을 사는 자에게 영속적으로 이루어진다. 진리의 목표는 자유, 해방, 생명이다"라고 하였다.

　　위의 내용을 참고하여 다시 14장 6절로 돌아가면 "나는 길이요 진리요 생명이니 나를 통하지 않고는 아버지께로 올 자가 없다"는 문장의 뜻을 새롭게 읽을 수 있다. 예수가 살아간 길을 따르라. 왜냐하면 그의 삶이 하늘의 길을 보여주기 때문이다. 예수가 보여준 진리 증거의 삶을 살아라. 왜냐하면 그는 죽기까지 하늘의 길, 하느님의 사랑을 증거했기 때문이다. 예수가 생명을 풍성하게 하려고 보여준 희생의 삶을 본받고 따르라. 그렇게 하지 않는 한, 너희는 아버지가 원하는 삶, 풍성한 삶, 광명의 삶, 영원한 삶을 살 수 없기 때문이다. 바로 이런 뜻이 아니겠는가. 요한복음 14장 6절에 대한 구체적인 논의는 필자의 책, *Truth, Testimony, and Transformation: A New Reading of the "I am" Sayings of Jesus in the Fourth Gospel* (2014)을 참조하기 바란다.

거듭남은 무엇인가?:
예수와 니고데모의 대화

니고데모는 유대인의 스승이요 지도자다. 어느 날 그는 예수를 찾아와 그의 권위와 행적을 높이 산다. 이때, 예수는 사람이 위로부터 태어나지 않으면 하늘나라에 들어갈 수 없다고 말한다. 여기서 필자가 '위로부터'라고 번역한 헬라어 부사는 아노텐(*anothen*)이다. 이 단어는 '위로부터', '다시 새롭게' 등의 의미가 있다. 니고데모는 이를 '다시'라는 뜻으로 받아들여 사람의 출생 개념으로 이해했기에 바로 반박했다. 어떻게 사람이 어미의 태로 들어가 다시 태어날 수 있느냐고 따진 것이다. 당연히 니고데모의 말이 맞다. 사람이 육체로 다시 태어난다는 것은 불가능하다. 그러나 예수가 말한 것은 그런 육체의 생명을 말한 게 아니다. 영적인 생명의 원리에 대해 말한 것이다. 육체의 생명처럼 영적 생명도 어느 날 태어나는 것으로 많은 사람이 오해한다. 그래서 당신은 언제 거듭났습니까?라고 종종 물어보는데 이는 이 본문을 잘못 읽은 사례다. 그런 사람은 니고데모와 비슷하다. 왜냐하면 니고데모는 육체의 재탄생처럼 어떤 탄생의 순간만 생각했기 때문이다. 예수가 여기서 말하는 태어난다는 것은 메타포다. 영적 생명의 탄생은 육체처럼 한 번 태어나고 한 번 죽는 개념에 따라 이해되지 않고, 위로부터 태어난다는 것이다. 즉 다시가 아니고, 위로부터다. 하느님의 뜻에 따라 하늘의 길을 꾸준히 따름으로써 영적 생명은 계속 새롭게 되고 유지된다는 것이다. 그렇게 사는 사람은 하늘나라의 영역, 로고스가 지배하는 사회에 사는 사람이란 것이다. 영적 생명은 관계적이고 그 관계는 계속 유지되어야 하며, 그 관계의 축은 바로 하늘 아버지, 로고스의 세계에 있다. 이 땅에서 하늘의 뜻에 따라 사는 것이 바로 예수가 뜻하는 위로부터 태어나는 삶이다.

　　니고데모가 알아듣지 못하자 예수는 다시 말한다. 사람이 물과 성령으로 나지 않으면 하느님이 함께하는 삶이 아니라고. 여기서 물의 상징성과 메타포적인 의미는 매우 광범위하므로 뭐라 단언하기 힘드나 대체로 물세례를 상징하거나 아니면 육체적 탄생의 물을 상징한다. 성령은 물론 영적 생명을 상징한다. 즉 사람은 한 번 부모에게서 태어나지만(어머니 태의 양수를 생각하라), 그 생명은 성령의 힘으로 살아야 한다는 뜻으로 읽어볼 수 있다. 우리의 생명은 육체적인 것과 영적인 것이 조합된 결과이며, 무릇 살아 있다고 하는 자는 육체뿐만 아니라 하늘에서 공급되는 힘, 하늘의 길을 따라 사는 자이다. 그런 자는 바람처럼 일한다고 예수는 말한다. 바람은 출신을 자랑하지 않는다. 바람은 보이지 않는다. 그러나 바람은 행위로 자기 존재를 나타낸다. 이것이 바로 성령으로 난 사람, 하늘의 길을 따라 사는 사람이라고 말한 것이다.

성령으로 난 사람은 자기를 나타내지 않고 사람을 차별하지 않으며, 하늘의 길을 따르고 다른 사람의 생명을 풍성하게 하는 일에 동참한다. 바람을 보라. 그렇지 않은가? 바람은 차별하지 않고 때를 따라 시시각각 자유롭게 분다. 이런 이치를 모르고 영적 생명을 육체의 생명과 혼동하여 생일을 따지는 사람은 예수가 말하는 핵심을 짚지 못한 니고데모와 같다. 핵심을 짚어라. 바람처럼 되어라. 바람이 어디서 왔다고 출신을 자랑하던가? 그저 필요한 대로 어디로든 불어라. 그것이 예수의 가르침이다. 그것이 영생의 길, 생명의 길이다. 영생은 소유하는 게 아니고 관계하는 것이며, 미래적인 게 아니라 현재에서 미래까지 영속적인 일체인 것이다.

물세례의
진정한 의미에 대해

복음서에 물세례가 등장하는데 물의 상징성은 사뭇 중요하다. 바울도 세례를 하나의 메타포로 이야기한다. 통상적인 물세례의 개념은 옛사람에서 새사람으로 태어난다는 의미가 있고 중요한 교회 예식 가운데 하나다. 물의 상징성에 대해 한번 곱씹어보자. 물은 부서지니 강한 것이다. 물처럼 부서져서 강한 것이 바로 우리 마음이다. 마음이 부서지지 않고 단단한 사람은 강해 보이지만 실상은 바위와 같은 사람이라 신축성이 없어 한 번 깨어지면 회복이 되지 않는다. 마음이 부서진다는 것은 다른 말로 하면 마음의 반응이다. 세상의 온갖 슬픈 소식, 친구나 이웃의 슬픈 일, 세상의 불의 등 모든 것에 아파하는 것이다. 그것이 마음이 부서진다는 의미다. 이는 바로 마음의 변화, 회개이다. 헬라어로는 메타노이아(*metanoia*)라 한다. 마음이 강퍅하고 자기 소신이 지나치게 강하여 자기 생각이나 행동만이 옳다고 하는 사람은 위험하다. 이보다 더 중요한 것이 한 가지 있다. 우리의 마음은 부서지고 아파할 때 진정으로 강해진다는 사실이다. 그렇게 지어져 있다. 신의 섭리다. 마음이 약할 때 신과 이웃을 찾게 되고 혼자 못 사는 인생임을 깨닫게 된다. 진정한 영성은 이런 마음에서 출발한다. 영성은 내 마음을 어떻게 깨뜨리느냐에 달려 있다. 이렇게 될 때 우리는 늘 부드러운 마음을 소유하게 되고 진정으로 강한 사람이 된다. 부드럽고 약한 것이 가장 강하다.

위의 메타노이아는 흔히 회개로 번역한다. 참회하고 바꾼다는 뜻이니 좋은 말이다. 그런데 언제부터인가 회개의 의미가 고백적으로 바뀌어 뭐든지 고백하면 다 용서받는다는 식으로 둔갑했다. 영화 〈밀양〉을 보면 이런 잘못된 기독교인의 풍토가 드러나 있다. 회개 혹은 마음과 생각의 변화는 먼저 이웃이나 당사자와 해야 한다. 그렇게 하면 자연히 신과의 관계도 풀린다. 마음의 변화는 행동을 포함한다. 그렇지 않다면 메타노이아가 아니다.

구약성서에서도 율법과 제사의 정신을 잘못 이해한 사람들이 돌에 새긴 법 정도로 생각하여 집안이나 성전에 성물을 모셔 놓은 것이 문제였고, 또 제사도 형식에 치우쳐 애꿎은 동물을 희생시킴으로써 인간의 문제가 전가된다고 보는 안일함과 나태함이 문제였다. 그래서 예레미아 34장을 보면 예레미아 선지자는 하느님의 새 언약은 돌비에 새기는 것이 아니라 마음에 새긴다고 하였다. 쉽게 말하면 하느님의 법은 본래 마음에 새기도록 되어 있었다. 법 따로, 마음 따로, 행동 따로 그것이 문제였던 것이다. 제사도 마찬가지다. 번제를 예로 들면, 동물 희생이 인간 희생을 단순히 대신하는 대리의 개념이 아니다. 희생 제물을 드리는 정신은 "내가 죽어야 하는데"이다. 즉, 내가 마음을 부수며 뉘우치고 생각을 고쳐먹는 시간이다. 동물만 죽는 것이 아니라 내가 함께 죽는 시간, 그것이 진정한 제사의 의미다. 그렇게 할 때 그 사람이나 백성이 하느님과 다시 하나가 되는 은혜와 복을 경험하는 것이다. 제사 따로, 나 따로, 내 행동과 마음 따로 그것이 문제였던 것이다. 결국은 마음의 문제다. 법의 문제도 제사의 문제도 아니다. 육체의 구별을 위한 할례가 중요한 것이 아니라 마음의 할례를 받아야 한다. 마음의 탐욕과 잘난 체하는 습성, 마음의 단단한 자기 껍질을 버리거나 벗기고 부드러워져야 한다. 이것을 모르고 종교 행위를 하면 단단히 굳어진 마음들이 모여 파멸하고 악취를 풍기게 된다.

　　중요한 것은 종교의 겉모습이 아니라 바로 마음이다. 모든 법이나 제도도 그 정신으로 이해되어야 한다. 사랑과 보편적 정의, 이 정신이 중요하다. 예수가 안식일에 병자를 고친 것은 율법에 저촉된다고 볼 수도 있지만 율법의 정신으로 보면 그것이야말로 율법의 정신을 가장 잘 계승한 것이다. 안식일은 무조건 아무것도 하지 말라는 종교의 허례를 강조하는 개념이 아니다. 진정한 의미는 쉼이다. 하느님이 쉰 것처럼, 만물이 쉼을 얻는 날이다. 그런데 어떤 사람이 병으로 쉼을 못 얻고 있다면 안타깝게도 그 사람에겐 안식일이 없는 것이나 마찬가지다. 그러니 고쳐주는 것이다. 예수는 마음을 깨뜨리고 이웃의 아픔에 반응한 것이다. 그러니 약하고 부서짐으로 강하게 된 것 아닌가?

물세례의 개념도 잘 생각해보면 죽는다는 의미가 있다. 물에 장사 지낸다. 수장되는 의미다. 바울은 그래서 늘 예수와 함께 죽어라, 예수와 함께 장사 지낸바 되라고 한다. 물에 들어가 잠겨보라. 잠시 죽는 것이다. 답답하다. 물속에 있으면 아무 힘을 못 쓴다. 가장 약한 순간이다. 무슨 생각이 나겠나? 내가 약하니 세상이 귀하게 보인다. 이렇게 죽을 수 있는 몸인데 뭘 그리 아등바등했던가 하는 생각이 들지 않겠나? 삶과 죽음이 그 몇 분 안에 갈린다. 이야말로 가장 약한 순간이 아닌가? 그러니 물세례를 받을 때 죄를 씻는다는 개념에 집착하지 말고 죽음에 초점을 맞추는 것이 좋다.

그리고 물이 불을 이긴다는 것에 대해서 이야기하고 싶다. 불은 없어선 안 될 생활의 필수 요소다. 그런데 불이 너무 세면 주위를 태울 수가 있다. 그럴 때 물로 불을 끄는 것이다. 그러니 불을 통제하는 것은 물이다. 물은 차갑고 냉정하고 부드럽다. 사람에게 적용해보면 불 같은 사람도 필요하지만 물같이 한결같은 부드러움, 냉정, 이성을 갖춘 사람이 더 필요하다.

우리가 잃어버린
예수의 믿음은 무엇인가?

믿음이라고 번역하는 헬라어 단어는 피스티스(*pistis*)인데 우리가 흔히 생각하듯 어떤 사실을 사실로 믿는다는 뜻이 아니다. 이것은 신뢰하고 충성심을 보이는 행동의 단어다. 현대 기독교인들이 잃어버리고 찾지 않는 것이 예수의 신실함, 그의 믿음이다. 바울의 편지를 보면 그는 예수의 믿음(*pistis christou*)으로 가득 차 있다 해도 과언이 아니다. 신자가 예수를 믿는다는 것이 중점이 아니라 예수가 가진 하느님을 향한 신실한 순종을 생각하는 것이 중점이다. 이러한 예수의 믿음 없이는 바울의 신학도 없고 하느님의 사랑과 정의도 이야기할 수 없다. 우리는 흔히 믿음이라고 하면 신자들이 예수를 믿는 것이라 생각하는데, 이 같은 생각은 적어도 바울 신학에서는 찾아볼 수 없다. 바울 이후 편지들에서는 예수에 대한 믿음을 중시하는 경향이 나타난다(예: 에베소서 3:12; 골로새서 1:4, 23; 디모데전서 1:13-16; 디모데후서 3:15; 4:7). 그러나 바울의 서신 중 로마서 3장 21-26절과 갈라디아서 2장 16-17절을 보면 예수의 신실한 순종(그것을 믿음이라 한다)이 먼저이고, 신자는 그의 삶을 따르는 것이다. 이에 대해서는 아래에서 좀 자세히 설명하겠다.

로마서 3장 22절("하느님의 의가 예수 그리스도의 믿음을 통해 나타나고 이 믿음에 동참함으로 그리스도인들에게 역사한다")은 이렇게 번역할 수 있다: 하느님의 의(옳음)가 예수의 신실한 순종(믿음)으로 나타났고, 또한 그를 따르는(즉, 예수의 신실한 순종의 삶에 동참하는) 사람들에게 동일하게 나타난다. 이 한 구절 안에 바울 신학의 핵심이 있다 해도 과언이 아니다.

우선 하느님의 의에 대해 살펴보자. 하느님의 의는 히브리 성서에서 일관되게 말하는 주제이자 하느님의 속성이다. 하느님이 옳다고 여기는 것은 사랑과 공의로 백성을 다스리는 것이다. 그 옳음은 약자를 보호하고 강자는 끌어내리는 것이라 할 수 있다. 마치 만인에게 동일하게 비치는 햇살처럼 하느님의 옳음은 만인에게 두루 옳아야 한다. 동일하게 사랑하는 품성이 바로 하늘의 옳음이다. 그런데, 소위 말하는 보수적인 번역에서는 이 구절을 하느님께로부터 오는 의로 번역하여 예수를 믿는 신자가 그 의를 받아 의롭게 되는 것으로 본다. 이것은 바울이 의도하는 바와는 거리가 멀다. 소위 말하는 믿음으로 의롭게 된다는 교리를 말하는 것이 아니다. 그런 교리는 적어도 히브리 성서적인 정서와 거리가 멀고 바울이 주창하는 사상과 맞지 않다. 어떤 믿음 (어떤 사실을 받아들이는 것. 예수의 대속의 죽음을 인정하고 받아들이고 회개하는 것) 으로 의의 신분을 갖게 된다는 교리는 바울 이후 생겨났지 결코 바울이 말한 것이 아니다. 하느님의 의는 하느님 자신이 의롭다는 것을 나타낸다는 말이다. 그 의로움으로 세상을 밝힌다. 그런데 아이러니하게도 하느님의 의가 이 땅에 제대로 나타나지 않는다. 사람들은 제각기 자기 밥그릇을 챙기느라 서로 싸우고 강자는 약자를 억압하기 바쁘다. 이러한 암흑의 사람들은 옳음의 빛에는 상관하지 않는다. 오히려 그런 빛을 싫어한다. 왜냐하면 자기의 기득권이 사라지고 위협받기 때문이다.

요한복음에서도 이와 비슷한 논점이 나온다. 그래서 하느님의 의를 확실히 보여주고 몸소 실천하며 세상 사람들에게 귀감이 될 만한 인물이 필요했다. 그 사람이 바로 예수 메시아(그리스도와 같은 뜻임) 이며, 그의 신실함으로 하느님의 의가 이 땅에 나타나게 되었다. 그것이 메시아의 일이었고 메시아의 믿음의 일이었다. 그래서 바울은 3장 22절에서 이야기한다. "하느님의 의가 그리스도 예수의 믿음(신실한 순종)을 통해 그를 따르고 그의 삶에 동참하는 모든 이에게 나타났다." 여기서 마지막 부분이 바로 신자들의 의무인 것이다. 하느님의 의가 그냥 단순히 예수를 믿는다고 나타나는 게 아니라 예수의 믿음을 본받아 그 감동으로 살고 죽을 때 나타난다는 것이다. 얼마나 놀라운 반전인가?

신자가 예수의 믿음을 본받아야 한다는 사실 말이다. 신자는 무임승차하는 승객이 아니다. 예수의 대속으로 무임승차하는 고속도로 주행이 아니다.

그러면 왜 이런 새로운 번역과 해석이 잘 받아들여지지 않았는가? 그것은 교회 역사와 교리 때문이다. 개신교의 경우 종교개혁 이후 오직 믿음으로라는 교리를 내세웠다. 믿음으로 의롭게 된다는 교리로 바울서신을 읽으니 새로운 번역과 해석이 받아들여지지 않았다. 그래서 하느님의 의는 하나의 의가 하느님께로부터 나오는 걸로 번역하고, 그리스도 예수의 믿음은 그리스도 예수를 믿는 믿음으로 번역하게 된 것이다. 전자에서는 예수가 자기 믿음의 주체이지만 후자에서는 예수가 믿음의 객체가 되어버렸다. 결국 예수의 의미를 오로지 십자가 죽음에만 국한하는 안타까운 결과가 된 것이다. 그러나 바울이 강조하는 것은 메시아 예수의 신실한 순종과 하느님의 의를 이 땅에 실현하기 위한 그의 헌신이다. 그러한 순종과 헌신의 결과로 십자가를 지게 된 것이다. 하느님은 예수의 이러한 믿음의 순종을 통해 자기의 옳음을 나타내고 새로운 시대를 열고자 하였다. 그 새로운 시대는 인종과 문화, 성별, 계급 그 어떤 것도 걸림돌이 될 수 없는 하느님의 사랑과 정의가 샘솟는 세상이다. 바울은 그런 하나님 나라를 염원했다. 갈라디아서 3장 28절을 보라. 바울이 얼마나 그런 세상을 바랐던가? 주 예수 안에서 즉 예수의 정신과 삶을 따르는 자에게는 더 이상 아무런 차별도 없다고 했다. 이런 사상은 로마제국하에서는 매우 불온한 것이었다. 로마제국은 철저한 신분사회요 계급사회였기 때문이다. 전통적인 유대인 선민사상도 뛰어넘는 것이 바울의 신학이다. 하느님이 이제 모든 민족 앞에 새로운 시대를 열겠다는 것인바 이미 예수의 순종으로 모범을 보였으니 그것에 동참하라는 것이다. 그러면 머지않아 하느님의 뜻이 우리가 생각지 못하는 하느님의 방법으로 이뤄지리라는 것이 바울의 고백이자 희망이었다. 로마서 9-11장을 보면 그는 하느님의 섭리와 지식의 깊음을 인정하고 인간은 오직 사랑과 관용으로 이웃을 대해야 한다고 이야기한다. 하느님의 선한 섭리를 신뢰했던 것이다.

　　　갈라디아서 2장 16절("우리는 율법의 행위 즉 할례나 정결례 등 어떤 구체적인 일이 아니고 예수의 신실한 믿음에 동참함으로 하느님 앞에 올바르게 살 수 있다")에도 우리가 하느님 앞에 의롭게 사는 것은 바로 그리스도 예수의 믿음으로 사는 것이라고 하였다. 여기서도 대개 보수적인 번역은 앞의 로마서 3장 22절("하느님의 의가 예수 그리스도의 믿음을 통해 나타나고 이 믿음에 동참함으로 그리스도인들에게 역사한다")과 같은 맥락으로 해석한다. 즉 예수를 믿음으로써 우리가 의롭게 된다는 것(신분이나 자격)이다. 예수의 죽음의 대속을 믿음으로써 의로운 신분을 갖게 된다고. 그러나 바울이 말하는 것은 그런 교리가 아니다. 그는 의롭게 사는 것을 강조한다. 우리가 하느님 앞에 의롭게 사는 것은 그리스도 예수의 신실한 순종의 모범을 통해 가능하다고 한다. 다시 말하면, 그의 죽음에 동참하며 그의 삶을 따르는 것이다. 바울은 그래서 세례도 물세례를 말하지 않고 예수와 함께 물에 장사 지낸다는 의미로 해석한다. 즉, 예수와 함께 '죽어라'이다. 그것이 하느님 앞에서 사는 길이고 이웃과 함께 사는 길이며, 자기도 살고 이웃도 사는 화목의 길인 것이다.

예수와 바울이 전혀 다르다고?:
엽락분본에 대해

혹자는 예수의 사상 내지 그의 행적과 바울의 사상 내지 그의 행적 사이에는 상이점이 공통점보다 많다고 생각한다. 이러한 주제는 아직도 풀리지 않은 문제가 많다. 그런데 그 많은 부분 중에서 나는 신학적으로 매우 중요한 공통점을 두 사람에게서 찾는다. 그것이 바로 두 사람을 연결해주는 고리인 엽락분본(葉落糞本)이다.

　　　엽락분본은 신영복 교수가 어느 강의에서 썼던 말인데, 잎이 떨어져 그 뿌리의 거름이 된다는 뜻이다. 생장의 계절을 맞아 무성했던 잎들이 겨울이 되매 남김없이 떨어져 그 뿌리를 보호하고 거름이 되는 것은 슬픔이 아니라 자연의 순리다. 썩어짐으로 형태는 사라지지만 나무의 삶에 보탬이 되어 다시 재생산되는 것을 생각하면 인생살이에 적용해볼 만한 일이라 하겠다. 예수도 여러 번 농사 비유를 통해 한 알의 씨알이 땅에 떨어져 죽어야 많은 열매를 맺는다고 말했다. 또 자기를 따르려는 자는 자기 자신을 부인하고 자신의 십자가를 지고 따르라고 하였다. 바울이 쓴 일곱 서신에 흐르는 주된 사상은 바로 자기를 부인하고 죽어야 한다는 것이다. 일일이 열거할 수 없지만 로마서를 보면 아주 잘 나와 있다. 육체의 욕심을 죽이고 생명을 위해 힘쓰라는 것이다. 이렇게 보면 진리란 어려운 게 아니다. 죽음으로 사는 것! 이것은 자연에서 흔히 볼 수 있고 인생살이에도 적용할 수 있는 진리다. 예수와 바울이 바라보는 세상의 문제는 사람들이 죽지 않으려고 하는 데서 비롯한다. 죽지 않고 자기만 살려고 하는 이기적인 세상 사람들과 정치·종교 권력 앞에 그는 "회개하라 천국이 가까웠다"라는 메시지를 던졌다. 여기서 회개란 자기를 부인하는 것이고, 더 큰 세상—하느님 나라(하느님이 통치하는 정의와 평화의 나라는 저 세상이 아닌 이 땅에 이루어지는 것)—을 바라보는 것이다.

예수는 높은 사람들이 싫어하는 메시지를 외치고 몸으로 사랑과 정의를 실천한 결과, 체포되어 고문을 당하고 죽음을 맞는다. 예수의 죽음은 그런 각도에서 보면 바로 자기를 부인한 것이다. 죽기까지 생명 사랑을 몸소 실천했다. 그의 메시지가 죽음을 부른 것이다. 그의 근저에는 바로 자기보다 더 큰 공동체, 인류를 사랑하는 마음이 있기 때문에 자기를 부인할 수 있었다. 즉 자기를 부인한 것은 자기를 싫어하는 게 아니라 대의를 위해 기꺼이 자기를 희생한 것, 사랑과 정의와 생명의 풍성함을 위해 목숨을 아끼지 않은 것이다. 그것은 단순히 생명을 버리는 것이지만 무엇을 위해 생명을 버리느냐가 중요하다. 그러니 예수야말로 자기가 말한 대로 산 분이다. 한 알의 씨가 땅에 떨어져 죽어야 많은 열매를 맺는다. 그의 삶에 감동받은 많은 사람이 깨어났다. 얼마나 큰 수확인가?

바울도 마찬가지다. 고린도전서를 보면 메시지의 핵심은 그리스도의 십자가였다. 위에서 말한 그리스도의 자기 부인—의를 위해 몸을 바친 그의 숭고한 사랑—을 높이 산 것이다. 그의 죽음에 깊은 감동을 받은 것이다. 새로운 깨달음을 가진 것이다. 메시아상이 바뀐 것이다. 전통적인 그의 메시아관은 왕 같은 메시아였다. 실상 십자가에 달려 죽은 예수가 메시아라는 것은 유대교의 입장에서는 말이 안 되는 소리였다. 그러나 바울은 예수의 죽음의 의미를 깊이 깨닫는다. 그래서 그는 갈라디아서에서 자기 몸에 그리스도의 흔적을 지니고 산다고 하였다. 철저히 엽락분본의 정신으로 살았다. 그는 몸으로 신학을 하였고, 그 신학은 지극히 단순했다. 즉 자기 부인으로 사람을 살리고, 하느님 사랑이 많은 사람에게 미치기를 원한 것이었다. 나중 사람들은 스승을 복잡하게 만들고 오해하는 경향이 있다. 그 대표적인 예가 믿음만 있으면 되고 행함은 중요하지 않다는 논리다. 참으로 많은 사람이 이 같은 이야기를 한다.

야고보서는 이런 주장을 반박한다. 즉 행함이 없는 믿음은 죽은 것이라고 한다. 여기서 믿음이라고 번역한 헬라어는 피스티스(*pistis*)다. 이 말은 신뢰와 헌신을 뜻한다. 어떤 사실을 믿는 것이 아니다. 신실함으로 사는 것이다. 그런데 바울이 죽고 난 뒤, 그를 오해하고 곡해하는 사람들이 생겨났다. 그들은 한결같이 행함을 외면한 채 믿음만 필요하다고 강조했다. 바울은 절대 그렇게 말한 적이 없다. 믿음이라면 오히려 그리스도 예수의 믿음을 이야기했다(로마서 3:21-22; 갈라디아서 2:16). 예수의 신실한 헌신, 순종을 이야기했다. 하느님의 의를 위해 죽을 때까지 순종한 분, 그가 예수 그리스도라는 것이다. 그래서 야고보서가 바로잡아 주는 것이다. 영혼 없는 몸이 죽은 것 같이 행함 없는 믿음은 죽은 것이고, 말이 되지 않는다. 가능하지 않다는 말이다. 믿음 따로, 행함 따로 그런 말은 성립하지 않는다. 아브라함의 믿음을 생각해 보라. 그것은 하느님의 약속을 믿고 떠나는 순종이다. 그리고 그 순종은 평생을 함께해야 하는 것이다. 믿음이라는 단어는 좋은 번역이 아니다. 오히려 신실한 순종으로 바꿔야 한다. 하늘의 뜻을 따라 신실하게 사는 사람. 그 사람이 하늘의 사람이다.

'죽어야 산다'와 '죽어도 산다'?:
바울 신학의 두 기둥

바울 신학의 두 기둥은 '죽어야 산다'와 '죽어도 산다'이다. 전자는 엽락 분본에서 설명했다. 죽어야 사는 진리는 예수와 바울에게서 공통으로 발견된다. 달리 말하면 인간의 문제는 '죽지 않으려고' 발버둥치는 데 있다. 죽어야 산다는 것이 삶의 윤리를 강조한다면 후자, 즉 '죽어도 산다'는 삶의 희망을 이야기한다. 죽어도 산다는 말은 육체의 부활을 이야기하는 것이 아니다. 이것은 크게 두 가지의 희망을 말한다.

첫째, 삶을 해롭게 하는 어두운 힘 즉 악의 세력에 대한 종국적 신의 승리, 정의의 승리를 말한다. 불의 앞에 힘없이 무너지는 상황에서 포기하지 말라는 것이다. 고린도전서 15장에서 그런 역사적 대단원을 시적·고백적 언어로 표현했다. 마지막 승자는 하느님이라고. 다니엘서는 그런 어두운 세력을 배경으로 상정하고 쓰였다. 서기전 2세기, 시리아의 안티오쿠스 에피파네스(Antiochus Epiphanes)가 이스라엘을 침입하여 성전을 더럽히고 유대교를 모독한다. 이때 의로운 이스라엘 사람이 많이 죽었다. 이런 상황이니 신의 존재와 신의 정의를 의심하지 않을 수 없었다. 신이 살아 있다면 어찌 대낮에 이런 성전 모독이 자행됐겠는가? 어찌 선한 사람들이 그리도 잔혹한 죽임을 당했겠는가? 다니엘서는 이러한 물음에 대해 12장에서 다음과 같이 대답한다. 땅의 잿더미 속에서 잠자던 많은 사람이 다시 깨어나 몇 명은 영원한 생명으로, 몇 명은 부끄러움 속에 영원한 저주를 받게 된다고 기록한다. 또, 지혜로운 사람은 하늘의 별과 같이 빛나고 많은 사람을 옳은 길로 인도한다고 말한다. 이처럼 하나의 권선징악적인 스토리가 되는 것이다. 하느님은 의롭게 죽은 자를 그냥 내버려 두지 않고 그에 맞는 보상 곧 영원한 생명을 부여한다는 것이다.

> "티끌로 돌아갔던 대중이 잠에서 깨어나 영원히 사는 이가 있는가 하면 영원한 모욕과 수치를 받을 사람도 있으리라. 슬기로운 지도자들은 밝은 하늘처럼 빛날 것이다. 대중을 바로 이끈 지도자들은 별처럼 길이길이 빛날 것이다"(다니엘서 12:2-3: 공동번역).

이 구절은 부활을 말하는 것이 아니다. 그러나 부활 사상의 시작이라 할 수도 있다. 그러나 그 시작은 하느님의 정의에 대한 물음에 있다. 비슷한 역사적 상황의 연속으로 유대교 역사에서 이와 닮은 문학작품이 많이 쓰였다. 마카비서를 그 전형적인 예로 꼽을 수 있다. 순교 당한 마카비 형제는 바로 영생하는 존재들이 되는 영광을 얻는다(마카비후서 7:14, 23). 그 외에도 소위 유대교의 다양한 외경(apocrypha)과 위경(pseudepigrapha)에 의해 그런 정의와 희망이 사후 부활의 형태로 표출되었다. 여기서 중요한 것은 하느님의 정의가 의심받을 만큼 혹독한 불의와 부정이 가득하여 의인이 허다하게 목숨을 잃는 시대 상황에서 기록된 것이라는 점이다. 시간이 흐르면서 이러한 초기적인 부활 사상은 점점 정교한 교리로 발전해 나간다. 이것이 소위 랍비적 전통 유대주의(Rabbinic Judaism: 이는 적어도 2세기 이후의 발전이다)에 많이 나타나는데, 헬라적인 전통의 영혼불멸설에다 유대적인 부활 사상을 접목한 것이라 말할 수 있다. 물론 이것은 신약에도 그대로 전수되었다.

'죽어도 산다'는 말에 담긴 두 번째 희망은, 때로 명백한 불의가 아니더라도 이유를 알 수 없는 삶의 어두운 그림자가 들이닥쳤을 때의 승리를 의미한다. 욥의 시련이 그 대표적인 예다. 갑작스런 질병 혹은 사고로 목숨을 잃거나 만성질환으로 오랫동안 몸서리치는 투병 생활을 한다고 상상해보라. 경제적 어려움이나 기타 여러 가지 이유로 실존적 위협을 느낀다고 상상해보라. 곧 죽을 것 같고 패배할 수밖에 없을 것 같지만 하느님의 힘으로 살아난다는 뜻이 숨어 있으니 결코 포기하지 말고 살라는 것이다. "우리가 사방으로 우겨쌈을 당하여도 싸이지 아니하며, 답답한 일을 당하여도 낙심하지 아니하며, 핍박을 받아도 버린 바 되지 아니하고, 거꾸러뜨림을 당하여도 망하지 아니하고 우리가 항상 예수 죽인 것을 몸에 짊어짐은 예수의 생명도 우리 몸에 나타나게 하려 함이라"(고린도후서 4:8-10). 삶의 어떤 고난도, 그것이 까닭없이 보일 때에라도 그 아무것도 '나'를 완전히 정복할 수 없다는 외침이며 신의 간섭을 간절히 희망하는 절체절명의 순간인 것이다. 여기서 중요한 것은, 죽어도 천국 가고 나중에 부활하니 참고 살라는 것이 아니다. 오히려 그 험악한 순간에도 삶이 존재한다는 걸 선포하라는 것이다. 죽음을 피하라는 게 아니라 죽음 같은 상황에서도 삶이 있음을 선포하라는 것이다. 무슨 의미인가? 결국은 죽음이 삶을 이기지 못한다는 희망을 말한다. 단순한 육체적 죽음을 말하는 것이 아니라 비유적으로 죽음 같은 상황이 닥치더라도, 혹은 죽음 자체라 하더라도 결코 삶의 고귀성을 영원히 짓밟을 수 없다는 걸 선포하라는 것이다.

마지막으로 강조하고 싶은 것은 위의 토의는 육체적 죽음의 문제에서 출발하지 않는다는 점이다. 다시 말하면 '죽어야 산다'와 '죽어도 산다'는 은유적 혹은 비유적 표현으로 현실 삶에서 어떻게 살아야 할 것인가를 말한다. 육체의 죽음에 대해 간단히 언급하면 성서는 그것을 부정적으로 보지 않는다. 창세기 창조 이야기에서도 아담의 범죄 결과가 육체의 죽음이라 말할 확실한 근거는 없다. '죽으리라'는 것은 오히려 은유적으로 신과의 관계 단절, 영적 암흑일 수 있다. 흙으로 지은 사람이 죽는 것은 당연하다. 히브리 성서 전반에도 사람이 죽어 조상에게로 돌아간다는 것은 하나의 자연적 죽음을 말하며 그것 자체가 문제가 되지는 않는다. 히브리 성서에서는 전반적으로 내세에 대해 말하지 않는다. 신약의 복음서 또한 흔히 말하는 이분법적인 내세에 대한 언급이 없다. 물론 세부적으로 다양한 음성이 존재하지만 성서 전체적으로 주류의 입장은 육체적 죽음의 문제가 아니다. 사람이 죽어서 내세에 어떻게 잘 가는가도 문제가 아니다. 그 시대마다 다양한 형태의 삶의 정황—부정과 불의의 세계—에서 하느님을 이야기하고 그들의 삶의 윤리와 희망을 이야기한다. 이것이 성서에 전체적으로 흐르는 주류의 입장이다. 그러므로 위에서 말한 바울 신학의 두 기둥은 바울 자신의 독창적인 사상이 아니라 히브리 성서 전반에 흐르고 있을 뿐만 아니라, 예수의 삶에서 감동받은 바 있는 내용이라 할 수 있다. 바울은 이런 주된 사상을 그의 편지에서 명확히 여러 번 말하고 있다.

교회가
그리스도의 몸이라고?

교회는 그리스도의 몸. 설교로 흔히 듣는 말이다. 교회의 구성원은 그리스도 몸의 지체라고 한다. 교회의 머리는 예수이며, 예수를 중심으로 하나가 된다는 것이다. 맞는 말이다. 그런데 이런 이야기는 바울이 썼다고 보는 일곱 개의 서신에 나오지 않는다. 위에서 말한 이야기는 주로 골로새서 1장 18절("그는 몸인 교회의 머리라 그가 근본이요 죽은 자들 가운데서 먼저 나신 자니 이는 친히 만물의 으뜸이 되려 하심이요": 개역개정)와 에베소서 4장 15절("오직 사랑 안에서 참 된 것을 하여 범사에 그에게까지 자랄지라 그는 머리니 곧 그리스도라": 개역개정)에 나타난다. 골로새서와 에베소서는 바울이 죽은 뒤 그의 제자들에 의해 쓰였다고 보며, 바울의 신학을 계승하면서도 다르게 수정하는 부분도 많다. 그 대표적인 것이 "그리스도의 몸

(the body of Christ)"이다. 골로새서와 에베소서에는 교회(*ekklesia*)를 그리스도의 몸이라 했다. 교회가 어떻게 몸이 되는가? 물론 메타포적인 이해이다. 대개 정설은 몸을 유기체적인 조직의 메타포로 보았다는 것이다. 미국 학교에서는 학생들을 지칭할 때 student body라고 한다. student body는 학생들이 유기체적으로 이루는 조직체를 의미하는 말이다. 조직을 몸에 비유한 것이다. 같은 이치로 골로새서나 에베소서에서도 교회를 몸에 비유했고, 그것을 조직이라고 했다. 이 조직의 우두머리는 예수이고, 우두머리가 있다는 것은 조직에 위계질서가 있는 것으로 이해된다. 또한 조직을 움직이는 강력한 규율과 상벌 제도도 있을 것이다.

왜 이런 이해를 강조했을까? 분명히 교회적인 상황과 사회적인 환경이 관련되어 있을 것이다. 교회 내부적으로는 싸움과 분열, 여러 가지 이유로 하나가 되지 못하는 상황이었을 것이고(예를 들면, 이단 논쟁), 사회적으로는 여전히 로마제국이라는 거대 사회의 영향으로 위계질서가 분명했으며, 거기에는 성 차별, 신분 차별 등이 당연시되었을 것이다. 교회가 이를 수용하는 쪽으로 옮아간 것이다. 그렇지 않으면 교회의 존립에 치명타를 입을 수도 있었다. 아마도 그래서 교회를 강력한 위계질서가 있는 조직체로 이해한 듯하다. 구성원은 무조건 지도부를 따라야 하며 어떠한 이의를 제기해서도 안 된다. 마치 전시 상황에서 부하가 상관에게 불복하면 총살해도 된다는 논리가 통하는 그런 분위기가 아닐까 생각해본다. 무엇보다 살아남는 것이 급선무였기에 '하나 됨'을 강조한 것이다. 이런 '하나 됨'이라는 틀은 좋지만 어떻게 하나가 되는가를 깊이 고민하지 않는다면, 그것은 바로 독재며 악몽이며 압제다. 제국주의는 '하나'를 좋아한다. 우리는 물어보아야 할 것이다. 에베소서나 골로새서에 나타나는 '하나 됨'의 방법이 있는가? 구체적인가? 대답은 회의적이다. 위에서 말한 서신서에 나타난 하나 됨의 방법은 '무조건 따르고 믿는 것'에 가깝다. 무조건 예수를 믿고 의지해라. 왜냐하면 예수는 가장 강력한 분, 하늘의 아들이니까. 그 이상의 대답은 구하지 않는다. 아무리 다시 생각해봐도 독재의 논리와 비슷하다. 즉 '나만이 황제이고 내가 대답이니, 묻지 마라'고 말하는 것과 같다. 설교자가 30분 내내 같은 말만 반복해서 하는 것을 들은 적이 있다. '예수가 답이다. 예수만 믿으면 된다.' 그런데 어떻게 예수가 답인지, 예수가 무슨 일을 했는지, 어떻게 나와 관계되는지 좀 더 구체적이고 폭넓고 깊은 이야기는 없었다. 예수가 해결자이니 무조건 믿으라는 것이다. 이런 사상은 위험하다. 왜냐하면 단순히 복을 빌면 받는다는 기복 신앙이기 때문이다.

그러면 이제부터 바울이 직접 쓴 일곱 서신 중, 고린도전서에서는 무엇이라고 이야기하는지 살펴보자. 결론부터 말하면 하늘과 땅 차이다. 고린도전서 12장 27절에서 "너희"가 "그리스도의 몸"이라고 하였다. 교회가 그리스도의 몸이라고 비유한 골로새서와 달리 여기서는 교회가 아니라 "너희"이다. 그리고 바울은 예수가 교회의 머리라고 한 적이 한 번도 없다. 오히려 바울서신 일곱 개에서 교회는 철저히 하느님의 것이었다(the church of God). 바울에게 교회는 그리스도의 것이 아니고 그가 머리인 것도 아니며, 하느님의 집이었다. 그런 교회를 위해 봉사한 자가 그리스도였다.

　　　　다시 뒤로 돌아가서, "너희"가 "그리스도의 몸"이라는 대목을 살펴보자. 이것은 무엇이 다른가? 첫째, 바울이 생각하는 교회는 위계질서가 없다. 그냥 "너희"이다. "너희"는 성별과 노소, 신분 등 어떤 차이도 문제될 것이 없는 동등한 신분, 자격으로 참여하는 것이다. 갈라디아서 3장 28절("이제 그리스도 안에서 우리는 유대인이나 헬라인의 차별, 자유인이나 종의 차별, 남녀의 차별이 없는 것이다": 필자역)에서는 바울의 이런 사상을 명쾌히 볼 수 있다. 고린도 교회에서는 여자들도 모든 예배나 사역에 동등하게 참여했고 바울과 함께한 여자 사역자들도 많았다. 바울 당시만 해도 교회는 가정 교회로서 수십 명이 모이는 곳이 대부분이고 거의 모든 사람이 주의 재림을 기다렸을 뿐, 조직의 유지 발전이나 누가 교회 간부가 되어야 하는가 등에는 관심이나 신경을 쓸 만한 여력도 없었다. 이런 고민은 교회가 점차 커지고 전통적인 사회의 압력에 순복하는 시점에서 시작된 교회의 보수화와 관련이 있다. 적어도 바울에게서는 그런 것을 볼 수 없다. "너희" 속에는 몸의 지체가 모두 포함되어 있다. 머리와 가슴, 손과 발뿐만 아니라 몸의 모든 지체가 다 "너희"에 포함된다. 머리만 따로 구분하여 예수라고 말하는 골로새서와는 다르다.

이보다 더 중요한 것은 바울이 "그리스도의 몸"을 어떻게 이해했을까 하는 점이다. 골로새서나 에베소서에서는 교회를 몸으로 비유했고, 유기적인 조직체로 이해했다. 바울도 같은 맥락으로 이해했을까? 전통적인 해석에 따르면, 그리고 대부분의 설교자와 기독교인은 바울이 고린도전서에서 언명했던 "너희는 그리스도의 몸이다"의 몸을 유기적인 조직체로 읽었다. 즉 골로새서나 에베소서에서 읽은 것과 같은 시각이다. 나는 이것에 동의하지 않는다. 이유는 이렇다. 바울은 교회 조직의 통일이나 하나 됨에 방점을 찍은 수사법을 사용하지 않고, 오히려 반대로 몸의 다양성과 지체의 존귀성을 강조하기 위해 몸의 메타포를 사용했다. 즉 몸에 대한 개념과 비유를 다른 데서 가져왔다. 너희가 그리스도의 몸이라 할 때, 몸의 의미를 유기적인 조직체(학생 조직처럼)에서 가져오지 않고, 실제적인 사람의 몸을 생각한 것이다. 손이 아프면 온 몸이 아프고, 눈만 귀한 것이 아니라 발도 귀하다. 모두가 동일한 몸의 지체인 것이다. 고린도 교회의 "너희"는 그런 존재들이다. 신분에 따른 차별이 횡행하는 세상과도 다르다. 이를 위하여 예수가 몸소 그의 삶과 죽음을 통해 차별 없는 하느님의 세상을 만들려고 하였고, 하늘의 의를 보여주었다. 이런 예수의 모범, 믿음 위에 세워진 것이 교회이고, 그 교회는 하느님의 것이며, 그 구성원("너희")은 서로 아끼고 보호하며 살아야 한다는 것이다. 다시 말하면, 바울이 생각한 그리스도의 몸은 실제로 예수 그리스도의 몸이란 것이다. 이것이 우리의 발상 전환을 필요로 한다.

실질적인 그리스도의 몸은 무엇인가? 하늘의 뜻을 위해 처절하게 자신의 삶을 산 그 몸이다. 부서지고 상한 몸이다. 그런 예수의 실제 몸을 생각한다면 바울의 권면("너희는 그리스도 예수의 몸이다")은 소름 끼치는 도전이다. 어떻게 찢어지고 상처난 몸, 십자가에 처형당한 그 예수의 몸이 될 수 있는가? 물론 불가능하다. 누구도 예수의 삶과 죽음을 대신할 수도 없고 또 그 무시무시한 십자가 형틀을 지는 것도 아무나 할 수 있는 일이 아니다. 그러나 여기서 그리스도의 몸을 '삶의 메타포'로 읽을 수 있다(본인의 저작, *Christ's Body in Corith* 참조). 바울이 전하려는 의미는 이런 게 아닐까? '그리스도의 몸처럼 살아라. 그가 온 몸으로 전한 하늘의 사랑과 정의를 여러분의 몸에도 새기고 살아라. 그렇게 할 때, 여러분은 진정 하늘의 백성이며, 서로 아끼고 사랑하는 공동체를 이룬다.' 이런 관점의 읽기는 바울서신 전반을 보면 통한다. 바울은 예수를 본받으라고 했다. 예수를 본받는다는 것은 한마디로 십자가에 죽는 것이다. 그것이 물세례의 의미다. 왜냐하면 물세례는 예수와 함께 물에 장사 지낸다는 상징성이 있기 때문이다. 이는 죽어야 산다는 것과도 같다.

노자의 『도덕경』 13장을 보면 위와 비슷한 맥락으로 몸에 대한 이야기가 나온다. 세상을 대할 때 자기 몸처럼 하라는 것이다. 자기 몸이 아프듯이 세상의 아픔을 느끼고 동참하라는 것이다. 몸이 하나의 리트머스 시험지라는 것이다. 세상을 나의 몸이라고 생각하는 자만이 세상을 위해 일할 수 있다고 했다. 세상을 조용히 관찰하면 영혼과 몸이 부서진 이들이 얼마나 많은가? 각자가 그리스도의 몸처럼 산다는 것은 바로 그리스도의 삶과 희생을 생각하며 우리도 그와 같이 부서지는 마음으로 아파하고 동참한다는 것이다.

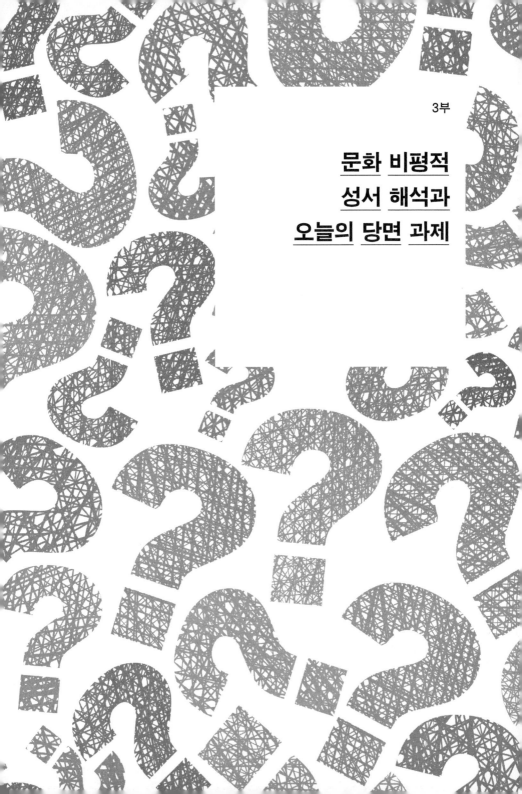

3부

문화 비평적
성서 해석과
오늘의 당면 과제

들어가기에
앞서

문화 비평적 성서 해석과 오늘의 당면 과제에는 크게 세 가지로 다루어야 할 것이 있다. 첫째, 성서를 문화 비평적으로 읽듯이 우리가 속한 세상도 같은 맥락에서 읽어야 한다. 서구의 계몽주의와 개인주의적 철학 및 문화의 영향으로 성서의 많은 이야기가 편협하게 해석되거나 굴곡되어 특정 그룹을 옹호하고 특정 사상, 이익을 대변하는 논리로 읽혀온 것이 많다. 그중에서 중요한 몇 가지 주제를 뽑아서 이야기해보려 한다.

둘째, 바람직한 인간상에 대해 알아보자. 물론 다양하고 복잡하고 상충되기는 하지만 그중 우리가 교훈과 모델로 삼을 만한 것이 있다. 인간은 창조주와 닮은 형상을 가졌다는 것에서 긍정적인 에너지를 찾을 수 있다("하느님이 자기의 형상을 따라 사람을 창조하되, 남자와 여자로 만들었다." 창세기 1:27; 필자역). 그러나 동시에 창세기 2장을 보면 첫 사람인 아담은 흙(아다마, *adamah*)으로 빚었다고 하였다. 그 이름 아담은 바로 흙의 존재라는 것을 상징적으로 보여준다. 너희는 흙에서 왔으니 흙으로 돌아가리라는 말씀이 히브리 성서에 자주 등장한다. 토기처럼 깨어지기 쉬운 인간 육체와 한계를 잘 나타내주는 이야기다. 그러나 아담은 흙만 있는 것이 아니다. 야훼 하느님이 직접 그 빚어진 코에 생기를 불어넣었다. 그래서 생령이 되었다. 사람은 땅 요소와 하늘 요소의 결합이라 하겠다. 그것이 아담, 사람이라는 것이니 태생적인 부족함이 있다 할 것이다. 어찌 보면 그것이 인간의 의미이고 축복이 아니겠는가? 만약 인간에게 육체가 없다면 오감이 없을 것이고, 우리의 삶은 기계적인 일상의 반복일 것이다. 천사보다 나은 것이 바로 육체의 삶이 아니겠나? 그러니 반대급부적인 연약의 아픔을 감수해야 하지 않겠나? 달리 보면, 우리 개인은 자신의 삶에 책임을 져야 한다는 것과 같다. 하느님이 만들었으니 하느님이 책임지라는 것은 말이 안 된다. 어떻게 보면 우리는 불완전하게 설계되었기에 진정한 사람인 것이다. 불완전하게 보이는 것이 오히려 인간을 인간답게 살도록 해준다. 만약 인간이 미리 프로그래밍된 완벽한 기계같이 만들어졌다면 결코 에러가 나지 않을 것이다. 그런 기계이기를 원하는가? 그런 기계는 자기 책임이 없다. 왜냐하면 자기가 결정해야 할 영역이 없기 때문이다. 그냥 프로그래밍된

대로 작동하는 것뿐이다. 인간 혹은 아담의 의미는 바로 그런 것이다. 인간이라는 육체에 자율적 기능의 지성과 감성, 여러 감각을 가지도록 하늘의 기운을 불어넣은 것은 축복이다. 그 축복은 아이러니하게도 위험한 놀이와 같다. 로봇과 달리 스스로 움직여야 하고 그 결과를 책임져야 한다. 더욱이 육체의 연약함으로 아파할 수밖에 없는 존재이다 보니 쉬이 삶의 축복을 받아들이기 어렵다. 하지만 연약함 또한 신의 섭리가 아닌가 한다.

　　셋째, 변화를 이해하는 관점에서이다. 이 세상에 존재하는 모든 것은 변한다. 변화는 움직임이고 움직임은 생명 현상의 특징이다. 모든 생명체는 변해야 살고 변하지 않으면 생명이 자랄 수 없다. 변화는 생명 현상의 원리다. 몸을 생각해보라. 음식을 먹으면 화학 작용을 일으켜 위에서 소화되고 장기를 거쳐 필요한 영양소는 분해·저장·활용되어 다시 이것이 활동에 필요한 에너지가 된다. 이 과정에 수많은 변화가 작용한다. 음식이 소화되지 않고 그대로 있으면 아무 일도 할 수 없다. 변화되니 가능한 일이다. 사람의 피를 보라. 피는 늘 고정되어 있는 것이 아니라 수많은 적혈구와 백혈구가 살아나고 죽고 하는 변화의 과정이 있고, 계속 흐르기 때문에 우리가 산다. 가만 앉아서 살 수 있는 존재는 없다. 끊임없이 움직이고 변하고 또 변하는 것이 생명 현상의 특이점이 아닌가? 사람만이 아니다. 우주 만물 중에 움직이거나 변하지 않고 존재하는 것은 없다. 지구는 23.5도 기울어져 태양 주위를 돈다(공전). 지구 자체도 하루에 한 번씩 돈다(자전). 달리 보면, 지구는 늘 위치를 바꾸고 있다. 그리고 똑바로 서 있지 않고 비스듬히 기울어졌다는 것은 겸손이 아니겠나. 그러한 겸손으로 말미암아 사계절이 생긴다. 지구가 필요한 에너지를 받기 위해서 자기를 바꾸며 일정하게 계속 움직인다는 사실, 정말 놀랍고도 아름다운 일이다. 하늘을 보라. 늘 고요하고 평온한 것도 아니다. 시시각각으로 변하는 하늘, 땅, 바람, 모든 자연현상, 동식물, 사람 그 어느 것 하나 가만히 서서 존재하는 건 없다. 지구 속을 들여다볼 수 없지만 땅 속은 항상 움직이고 마그마가 끓고 있지 않은가? 가끔은 바깥으로 불이 나오면 그것이 화산이다. 땅도 젊었다, 늙었다 한다. 바람이 좋은 것은 그 이동이 자유로워서이고, 그러기에 누구에게나 바람이 분다. 그것도 움직임, 변화로 설명할 수 있다.

이렇듯, 변화와 움직임은 우주 만물의 원리다. 이것을 거부하는 것이 죽음이다. 생명이 죽으면 더 이상의 생명 현상의 변화는 없다. 물론 또 다른 변화가 수반되지만 말이다. 시체가 썩어 흙으로 돌아가고 그 흙에서 풀이 자라는 것도 변화다. 그러나 생명이 끝나면 살아 있을 때의 움직임, 변화는 없어진다. 그래서 시체는 더 이상 피가 순환하지 않고 세포가 죽고 몸은 단단해진다. 모든 죽은 것은 단단하다. 모든 살아 있는 것은 부드럽다. 부드러운 것은 항상 변화가 있기 때문이다. 그런데 인간들은 이런 변화를 종종 거부하거나 두려워한다. 연약한 인간이 변화라는 우주 만물의 원리를 거부하니 당연히 많은 문제가 발생한다. 늙고 병드는 것은 자연현상인데 이를 거부하면 불행해지는 것이 당연하다. 나아가 죽지 않으려고 발버둥치거나 생명을 연장하려고 애쓰는 것은 지켜보는 사람도, 당사자도 힘든 일이다. 사람들은 때때로 육체의 한계를 거부하고 영원히 살겠다는 욕심을 자연현상에 투영하기도 한다. 그래서 꽃이 떨어지면 슬퍼하고 낙엽을 밟으며 우수에 잠긴다. 순간을 영원으로 붙잡으려는 인간의 상상력이 지나치게 가엾은 순간들이다. 만약 꽃이 떨어지지 않으면 어떻게 다시 새봄에 꽃이 피겠는가? 성서에도 이야기하지 않았던가?

이런 변화와 움직임 속에서 살아간다는 것은 달리 보면 고통이 따른다는 의미다. 성서적인 인간상에서 보았듯이 우리는 완벽한 인간, 고통 없는 기계로 지음받지 않았다. 그렇다면 우리가 겪는 갖가지 어려움과 고통, 연약함, 절망적인 순간들을 어떻게 극복해야 하는가?

천로역정의 문제점:
개인주의와 이분법적 세상관

많은 기독교인이 좋아하는 소설 중 하나가 17세기 영국의 작가 존 번연이 쓴『천로역정(*Pilgrim's Progress*)』이다. 내가 말하는 이 소설의 문제점은 크게 두 가지다. 첫째는 개인주의 신앙의 만연을 야기하고, 둘째는 그와 연관하여 공동체의 삶에 대한 무관심이나 현실 세계 참여 부족을 불러온다는 것이다. 이는 결국 내세라는 이분법적인 세상관과 연관되어 있다.

첫 번째로 이야기한 개인주의 신앙이 만연하는 문제와 관련해 소설에서 살펴볼 대목은 다음과 같다. 한 기독교인이 애원하는 가족을 뒤로하고 자기의 신앙적 비전 때문에 기어코 멸망하는 이 세상을 떠나가는 부분이다. 그렇게 세상을 떠나 천신만고 끝에 천성에 도달한다는 이야기인데, 문제는 바로 자기만 살겠다고 가족을 버리고 떠났다는 데 있다. 과연 이것을 신앙의 모범이라 할 수 있는가? 한 개인의 신앙의 열심이 지나칠 때 가족을 버릴 수 있는가? 비록 그가 믿는 바가 옳다 해도 같이 망할 수는 없는가? 같이 떼를 쓰며 기도할 수는 없는가? 이와 같은 모습은 아브라함과 너무나 대조적이다. 아브라함은 소돔과 고모라를 멸망시키겠다는 하느님의 계획을 알고 항의하고 협상하며, 의인 몇 명이면 이 성을 구해주시겠냐고 간청한다. 요지는 그 성을 지키려는 마음이고, 그 성에는 많은 사람이 살고 있었다. 모세도 죄를 범한 자기 백성을 위하여 하느님께 기도하기를 이 백성을 살리지 않으시려면 자기의 이름을 지우고 자기를 데려가라고 했고, 바울도 비슷한 말을 했으며, 예수도 다른 사람을 살리려고 죽는 순간까지 그 길을 갔다. 그것이 참 신앙의 모습이요 표상인데 어찌 『천로역정』의 기독교인을 본받을 수 있단 말인가?

두 번째로 언급한 개인주의 신앙의 만연과 연관하여 일어나는 공동체 삶에 대한 무관심이나 현실 세계 참여 부족 문제에 대해 살펴보자. 『천로역정』에 등장하는 사람이 견지하는 것과 같은 개인주의는 필시 다음과 같은 등식을 조장한다. 바로 인생의 최후 목적은 천성 곧 저 세상이라는 등식이다. 개인주의 신앙이 만연한 사람은 이 땅에서 벌어지는 모든 것은 지나가는 나그네의 삶에 불과하다는 생각으로 공동체의 삶을 무시하게 마련이다. 중요한 것은 이 세상의 삶을 등한시하면 신학적·윤리적인 문제를 일으킨다는 점이다. 예수의 메시지는 이 땅에서 하느님 나라, 하느님이 통치하는 평화와 정의, 사랑의 나라를 실현하는 것이었다. 그러므로 『천로역정』의 이분법적인 구도는 공관복음서에 나타난 하느님 나라 사상과 맞지 않는다.

　　　마지막으로 창세기에 나오는 롯의 아내(이름은 나오지 않는다) 이야기를 하고 싶다. 롯의 아내가 불타는 도시를 돌아보다 소금기둥이 되었다는 이야기를 읽으며 이것은 불복종의 결과 하느님의 벌로 그렇게 되었다고 가르치는데, 최근에 여성 성서학자들이 자신들의 견해를 내세우며 그러한 읽기에 도전을 하고 나섰다. 그들의 주장에 따르면, 롯의 아내는 자기가 아끼고 사랑하고 돌보던 많은 약자들, 억압받는 사람들을 두고 떠나야 했기 때문에 본능적으로 그들을 사랑하는 마음에 뒤돌아보게 되었다고 한다. 롯의 아내는 불복종이라는 걸 알았지만 자기의 사랑이 더욱 커서 뒤를 돌아보는 위험을 감수했다는 것이다. 거룩한 희생이랄까? 어떻게 보면, 저돌적이고 목표 지향적인 남성과 달리 가정과 양육, 공동체의 삶을 중요하게 여기는 여성다운 성격이 여기에 나타난 것인지도 모른다. 어떤 사람은 성서 본문에서 천사가 뒤를 돌아보지 말라는 명령을 줄 때 히브리어의 남자 단수로 롯에게 명령한 것으로 해석하기도 한다. 그럴 경우(사실, 성서에서 신의 메시지를 전달할 때 여자는 종종 제외되었다) 롯의 아내는 명령을 듣지 못했을 수 있고, 또 원래 그러한 명령은 롯에게만 주어진 것으로 이해할 수도 있다는 말이다. 그렇다면 롯의 아내가 뒤돌아본 것은 불복종이 결코 아니라는 것이다. 그러면 왜 소금 기둥이 되었느냐? 여성 성서학자들은 이에는 상징적인 메시지가 있다고 주장한다. 즉 소금은 부패를 막는 역할을 하고, 맛을 내고 멸균작용을 하는 등 생활에 꼭 필요한 물건이다. 그러므로 부패하고 맛을 잃은 도시를 살리고자 했던 롯의 아내의 마음을 기념비적으로 남길 필요가 있었다. 그리하여 롯의 아내로 하여금 소금 기둥이 되어 후세 사람들에게 귀감이 되게 했다는 해석이다.

하느님의 사람들에 대한 정의

●

창세기를 보면 하느님이 세상을 창조한 뒤에 인간을 창조했다고 한다. 이것은 창조 신학이다. 창세기 이야기는 창조 과학이 아니고 창조 신학이며 그 신학이 주장하는 바는 모든 존재의 근원에 하느님이 있다는 고백이다. 바로 신앙의 언어다. 살아가면서 우리가 다 이해하지 못하는 근본적인 질문에 도달할 때 우리는 신앙의 언어로 해결한다. 이러한 신앙의 눈으로 볼 때 놀라운 진리를 발견하게 된다. 하느님이 사람들을 만들었다면 모든 사람은 하느님의 자녀인 것이다. 거기에 구분은 없다. 신자이든 불신자이든 어떤 종교를 가졌든 모두 하느님의 자녀다. 이것은 아주 쉬운 논리 귀결임에도 많은 사람이 이를 받아들이지 못한다. 자기들만 하느님의 자녀이고 다른 사람들은 저주를 받았거나 사탄의 자녀라고 말한다. 그러나 이것은 일차적으로 맞지 않다. 예를 들어보자. 어떤 부모에게 여러 명의 자식이 있다고 가정해보자. 그 자녀들 중에는 잘나고 훌륭한 자녀도 있겠지만 망나니 불효자도 있을 것이다. 그러나 부모에겐 모두가 자식이다. 다만 부모의 기대에 부응하며 잘 사는 자녀냐 아니냐의 차이가 있을 뿐이지, 자식의 행위 때문에 신분이 바뀌거나 자식이 아닌 것은 아니다. 한 번 자식은 영원한 자식이다. 자녀로서 어떻게 부모의 뜻을 이해하고 잘 사느냐가 중요하다. 만약 막내아들이 망나니짓을 하면 형이 타이르고 도와주고 이끌어 좋은 길로 같이 가야 한다. 그렇지 않고 형이라는 사람이 망나니 동생을 저주하거나 너는 동생이 아니라고 한다면 제대로 형 역할을 하는 것이겠는가? 그렇게 하는 형은 참다운 형이 아닐 것이고, 그렇게 함으로써 부모의 가슴에 못을 박을 뿐이다.

그런데 신앙인이 이런 단순 명쾌한 논리를 이해하지 못하거나 받아들이지 못하는 이유는 무엇 때문일까? 모든 사람이 한 하느님의 창조물이라면 그에게서 나온 피조물은 어느 누구도 예외 없이 하느님의 자녀들임을 왜 고백하지 못하는가? 너는 어둠의 자식, 너는 사탄의 자식, 너는 예수 안 믿으니 지옥 갈 자식 등과 같은 험한 말을 함부로 내뱉는 사람들이 참 신앙인일까? 그런 사람은 신앙의 기초인 하느님의 창조 신학을 부인하는 것과 같다. 많은 사람이 창조 과학의 망상에 빠져 창조 신학을 잘못 이해하는 경향이 있다. 이는 성서를 과학책으로 오인하는 중대한 오류다. 성서는 신앙과 삶이라는 잣대로 푸는 신학적인 책이다. 그중 가장 중요한 신학적인 키워드는 하느님이 모든 존재의 배후에 있다, 혹은 하느님이 우리를 만드셨다는 고백이다. 우리는 그 고백 위에 서 있는 것이다. 그럴 때 나와 이웃하는 모든 사람—무슬림이든 불교인이든, 식자든 무식자든 그야말로 모든 사람—이 하느님의 형상을 가지고 태어난 하느님의 자식들이란 사실이 분명해진다. 이것을 가슴 깊이 새기고 냉철하게 생각하고 두 발로 움직여 사람을 사랑할 수 있다면 그것이 바로 창조주를 기쁘게 하는 첫걸음이 된다. 신앙은 무엇을 믿는 것이 아니고 어떻게 생각하고 행동하는가이며, 생각과 행동은 떼려야 뗄 수 없는 동전의 양면 같은 것이다.

혹자는 이런 질문을 할 것이다. 모든 사람이 하느님의 자식이라면 잘못하는 자식에 대해선 어떻게 할 것인가? 쉽게 말하면 지옥이나 심판 같은 게 있어야 하지 않겠는가 하는 물음이다. 좋은 질문이다. 모두가 자식이니 아무렇게나 살아도 된다는 뜻은 아니다. 무슨 짓을 해도 용서받을 것이니 막 살아도 된다는 뜻이 결코 아니다. 여기에 바로 윤리가 들어온다. 즉, 자식에 걸맞은 삶, 부모의 뜻에 합당한 삶을 살아야 하는 것과 마찬가지로 사랑과 정의의 하느님의 뜻에 순종하는 삶을 사는 사람이 바로 떳떳한 신자다. 그러나 그렇게 살지 못하는 자식이 있어도 그가 자식이 아닌 것이 아니므로 사랑과 끈기로 지켜보며 함께 살 수 있도록 노력해야 한다. 초대 기독교 신학자 중에 오리겐(Origen)

이라는 사람은 선한 하느님이 어떻게 사람들을 지옥 불에 던질 수 있겠는가라는 질문을 하면서 지옥은 사람이 제대로 살도록 하기 위한 하나의 비유로 이해해야 한다고 말했다. 최근 미국에서 롭 벨(Rob Bell)이라는 사람도 『사랑이 이긴다(Love Wins)』라는 자신의 책에서 지옥은 없다는 이야기를 언급했다. 미국의 수많은 보수 열혈 신자들에게 저항을 받고 있지만 그의 논점은 바로 하느님의 사랑이다. 하느님이 우리를 사랑하니 막 살아도 된다는 것은 아니다. 인간이 신 앞에서 그리고 다른 사람의 존재 앞에서 진실한 깨달음을 얻고 사랑과 정의의 결연한 삶을 사는 것, 그것이 가장 아름다운 자식의 도리이자 신앙의 발로일 것이다.

부자와 나사로의
비유로 본 세상의 문제

예전에 부자 한 사람이 있었는데 그는 화사하고 값진 옷을 입고 날마다 즐겁고 호화로운 생활을 하였다. 그 집 대문간에는 사람들이 들어다 앉힌 라자로라는 거지가 종기투성이의 몸으로 그 부자의 식탁에서 떨어지는 부스러기로 주린 배를 채우려고 했다. 더구나 개들까지 몰려와서 그의 종기를 핥았다. 얼마 뒤에 그 거지는 죽어서 천사들의 인도를 받아 아브라함의 품에 안기게 되었고 부자는 죽어서 땅에 묻히게 되었다. 부자가 죽음의 세계에서 고통을 받다가 눈을 들어보니 멀리 떨어진 곳에서 아브라함이 라자로를 품에 안고 있었다. 그래서 그는 소리를 질러 "아브라함 할아버지, 저를 불쌍히 보시고 라자로를 보내어 그 손가락으로 물을 찍어 제 혀를 축이게 해주십시오. 저는 이 불꽃 속에서 심한 고통을 받고 있습니다" 하고 애원하자 아브라함은 "얘야, 너는 살아 있을 동안에 온갖 복을 다 누렸지만 라자로는 불행이란 불행을 다 겪지 않았느냐? 그래서 지금 그는 여기에서 위안을 받고 너는 거기에서 고통을 받는 것이다. 또한 너희와 우리 사이에는 큰 구렁텅이가 가로놓여 있어서 여기에서 너희에게 건너가려 해도 가지 못하고 거기에서 우리에게 건너오지도 못한다" 하고 대답하였다. 그래도 부자는 또 애원하였다. "그렇다면 할아버지, 제발 소원입니다. 라자로를 제 아버지 집으로 보내주십시오. 저에게는 다섯 형제가 있는데 그를 보내어 그들만이라도 이 고통스러운 곳에 오지 않도록 경고해 주십시오." 그러나 아브라함은 "네 형제들에게는 모세와 예언자들이 있으니 그들의 말을 들으면 될 것이다" 하고 대답하였다. 부자는 다시 "아브라함 할아버지, 그것만으로는 안 됩니다. 그들은 죽었다가 다시 살아난 사람이 찾아가야만 회개할 것입니다" 하고 호소하였다. 그러자 아브라함은 "그들이 모세와 예언자들의 말도 듣지 않는다면 어떤 사람이 죽었다가 다시 살아난다 해도 믿지 않을 것이다" 하고 대답하였다.

-누가복음 16:19-31(공동번역)

누가복음 16장에 나오는 어떤 부자와 거지 나사로의 이야기는 예수의 비유 가운데 하나다. 비유는 실제 일어난 일이 아니고 현재의 삶을 배경으로 교훈을 주고자 할 때 쓰는 것이다. 비유란 청중이 어떤 사물을 새롭게 보고 경험하도록 도와주는 화술의 하나로서 매우 구체적인 삶의 현장으로부터 비롯된다. 부자와 나사로의 이야기는 한마디로 부자는 죽어 음부(지옥)에 떨어지고, 나사로는 아브라함의 품에 안긴다는 비유다. 이 같은 비유 속에서 일이 그처럼 된 원인은 간단하다. 병들고 의지할 곳 없는데다 힘없고 불쌍한 거지 나사로가 부자의 집 문전에서 걸식했는데, 부자가 그를 전혀 돌보지도, 도와주지도 않았기 때문이다. 오히려 그는 자기 힘 자랑에 바빠 매일 친구들을 초대하여 고기로 배불리고 가무를 즐기며 놀아났다. 문제는 그가 단순히 부자라는 사실이 아니다. 예수를 믿었는가 믿지 않았는가도 문제가 아니다. 문제의 근원은 바로 도움이 필요한 나사로를 보지 못하고 자기 힘 자랑에 바빴다는 사실이다. 그가 어떻게 부자가 되었는지 모른다. 설사 정당하게 돈을 벌어 부자가 되었다 하더라도 예수의 비유가 지적하는 문제는 부자의 집 앞에 나사로가 와 있었다는 사실이다. 바로 이웃의 필요를 헤아리지 못한 죄가 크다는 것이다. 이런 세상을 누가 하느님이 지은 아름다운 세상이라고 하겠는가? 그러니 거기엔 어떤 상벌의 결과가 있어야 하지 않겠는가? 이런 생각들이 바로 예수의 비유에 흐르는 관점이다. 여기엔 가진 것을 나누며 살라는 비유의 목적이 분명하게 나타나 있다. 아무리 돈이 내 것이라 하더라도 옆에 필요한 자가 있으면 더 이상 내 것이라고 주장해선 안 된다는 사실이다. 이 비유는 그것을 깨우쳐주고 있다. 그러니 이 비유의 원천과 가르침의 목적은 저 세상, 곧 천국과 지옥에 대한 이야기가 아니다. 천국과 지옥을 가르치며 예수 믿으라고 설교하는 것은 이 본문과 비유의 뜻을 이해하지 못하는 것이다.

누가복음에서 이야기하는 천국은 바로 하느님의 나라인데 이것은 흔히들 '예수 믿고 천국 갑시다' 하는 그런 천국이 아니고 영어로는 'God's kingly rule'이며 헬라어로는 *basileia tou theou*(하느님의 나라/통치)이다. 즉 누가복음에서는 하느님의 나라를 어떤 장소나 시간의 개념으로 생각한 게 아니고 현존하는 하느님의 역사라고 보았다. 예를 들어 누가복음 17장 21절을 보면 "천국이 여기 있다 저기 있다 하지 말라. 천국은 여러분 가운데 머문다"고 하였다. 다른 번역은, "천국은 너희 마음에 있다"고 하였다. 바로 이것이다. 위의 비유는 이 땅에서 이루어져야 할 하느님 나라에 대해 말하고 가르치고 있다. 내가 만약 사랑과 평화, 정의가 이루어지는 세상 곧 하느님의 나라에 살려면 어떻게 해야 하겠는가? 자기 배만 불리며 '내 영혼아, 평안하라' 찬송하면서 옆에서 사람이 죽어가도 못 본 척 자신의 삶에 감사하는 부자가 있다고 생각해보라. 하느님이 그런 사람을 잘했다고 칭찬하겠는가? 답은 천부당만부당이다.

이러한 누가복음의 관점에서 볼 때 이 세상에서 가장 큰 죄는 무엇일까? 그것은 자기 것을 필요한 이웃에게 나누어주지 않는 죄다. 마태복음 25장에서 예수는 비슷한 비유를 들어 말씀한다. 최후 심판의 비유이다. 이것도 비유이다. 문자주의로 빠지지 말기 바란다. 양과 염소를 오른쪽 왼쪽으로 가르는 기준은 예수를 믿었는지 믿지 않았는지가 아니라 가장 힘없고 곤핍한 이웃을 도왔는가 돕지 않았는가 여부다.

복음은 '예수구원 불신지옥'이 아니다. 예수가 외친 복음이나 바울이 한평생 살았던 복음은 결국 하느님은 사랑이시라는 것이다. 하느님은 모두를 사랑하시니 모두는 하느님께로 돌아오라는 것이다. 하느님께 돌아온다는 건 회개하는 것이고, 회개하는 건 혼자만 살겠다는 이기심을 버리고 다른 사람을 귀하게 여기며 그들을 위해 살면서 나보다 큰 이웃, 사회를 섬기고 사랑하는 것이다. 그럴 때 나의 구원이 있고 다른 사람의 구원이 있다. 결국 한국 사회의 문제를 조금이라도 해결하고 발전하려면 의식 개혁이 있어야 하는데, 그 책임의 상당 부분은 종교인들에게 있다. 특히, 기독교의 복음이 무엇인가 재조명해야 하고, 교회가 변해야 한다. 그런데 그것이 가능할까?

근본
물음

'피곤하고 지친 전경들!' 이런 문구를 헤드라인으로 뽑은 신문이 있다. 분명 전경도 힘들고, 길거리 시민들, 운전자, 버스 승객도 힘들고 불편하다. 그런데 그것이 중심이 되는 보도는 본질을 잊었거나 왜곡하는 것이 된다. 본질은 바로 누가 불편하냐가 아니라 왜 이렇게 해야 하는가, 즉 왜 소통이 되지 않아 거리에까지 나와야 하는가이다. 본질을 보지 않는 헛다리짚기식 해석이 우리 사회에 범람하고 있다.

이러한 문제는 사회에만 국한하는 것이 아니다. 성서 해석에도 동일하게 적용된다. 예수의 십자가 죽음에 대해서 생각해보자. 죽음의 신학적 해석이나 의미에 앞서 좀 더 중요한 것은 사회 · 정치 · 역사적 접근을 해야 한다는 것이다. 즉 무엇이 그의 죽음을 가져왔는가?

이 질문을 하지 않거나 할 가치가 없다고 생각하면 결국 예수의 역사를 왜곡하는 것이다. 예수는 단순히 인류의 죄를 대속하고 십자가에 죽으러 이 땅에 온 것이 아니다. 죄 대속 사상은 예수가 죽은 뒤 그 의미를 신학적으로 승화한 것이다. 그러나 이러한 신학적 해석의 밑바탕에 가장 선행해야 할 것이 있다. 역사적 예수의 삶과 죽음을 당 시대 정치·사회라는 삶의 현장에서 파헤치는 것이다. 그가 로마와 이스라엘 기득권층(종교 지도자와 부자, 정치가)에게 위험하게 보였기 때문에 죽임을 당했다는 측면을 결코 간과해선 안 된다. 예수는 죽음을 무릅쓰고 당대의 권력에 저항했다. 이런 부분을 놓치고 예수의 십자가를 논하는 것은 마치 헛다리짚는 것과 다를 게 하나도 없다.

우리는 인생을 살면서 좀 더 중요한 문제, 근본적인 삶의 문제가 뭔지 항상 고민하고 분석하는 노력을 기울여야 할 것이다. 그렇지 않으면 헛다리를 짚거나 아니면 사실을 왜곡하게 된다. 그 결과는 다른 사람에게까지 영향을 준다. 그러므로 우리 각자는 싫든 좋든 나의 사고, 행동의 결과는 누군가에게 영향을 주게 된다는 점을 잊지 말고 사회적 책임을 다해야겠다.

역지사지의
교훈

성공하는 교회는 사람이 많이 모이지 않는다. 역지사지(易地思之)라는 말에 비추어보자. 사물이나 현상을 거꾸로 놓고 생각해보거나 처지를 바꿔놓고 생각해본다는 것이다. 성공하는 교회라고 할 때 성공의 정의를 바꾸어보면 성공하는 교회는 사람이 많이 모이지 않는 교회다. 성공적인 교회의 정의를 예수의 삶을 살고 따르는 것이라고 본다면, 그것을 원하는 사람이 극히 적기 때문에 따르는 자 또한 적을 수밖에 없다. 왜냐하면 예수의 삶은 희생과 사랑, 정의를 향하여 몸을 드린 삶이라 힘들고 고통이 따르고 죽음의 위협까지 있으니 사람들이 모이길 꺼리는 것이다. 오히려 쉬운 길, 가벼운 짐을 보장하는 교회를 찾아 나선다. 이 세상의 상업주의와 자본주의 속성에 따라 이런 '편한' 수요를 맞추는 데

집중하는 교회에 교인이 몰린다. 시장의 법칙이다. 그러나 수요 자체에 대한 비판이나 계몽은 하지 않는다. 대중이 하자는 대로 쉽고 가벼운 길을 택한다. 이것이 실패한 교회가 아닐까?

반대로 어렵지만 예수의 뜻을 따라가는 무리가 있는 교회는 교인 수가 적어도 성공하는 교회다. 교인 수가 적은 이유를 역지사지하여 보면 바로 진리가 거기 있기 때문이다. 생명과 진리의 길은 좁고 어려워 많은 사람이 따르지 않는다고 예수가 말하지 않았던가? 이런 역지사지의 눈으로 볼 때, 그리고 인간의 본질적 죄악성을 두고 볼 때, 사람이 많이 모이는 대형 교회는 실패한 교회일 가능성이 매우 높다. 왜냐하면 거기에는 어려운 시련의 짐, 고통의 짐, 함께 지고 가야 할 짐이 없거나 적기 때문일 수도 있다. 달리 말하면, 예수의 삶을 사는 힘겨움과 고통이 없으니 오히려 사람들이 좋아하고 많이 모인다는 이야기와도 같다. 쉽고 편한 말, 좋은 말과 축복만 듬뿍 해주니 사람이 많이 모일 수밖에 없다. 그러나 넓고 편해서 사람들이 좋아하는 길은 멸망의 길이라 했다. 한국의 물량주의적으로 교회를 평가하는 사고가 바뀌어야 한다.

한편 사람들이 적게 모이는 교회가 다 성공적인 교회냐 하면 물론 그것도 아니다. 성공과 실패는 사람의 숫자에 달린 것이 아니며 모여서 하는 일이 무엇인가를 따져봐야 한다. 모여서 하는 일의 의미는 모임 바깥, 즉 사회와 맺고 있는 관계의 형태가 하나의 기준이 될 수 있다. 그런데 교인도 많이 모이고 질도 우수한 교회가 가능할까? 현재의 세상 경험에 비추어보면 알 수 있다. 이 시대의 대형 교회는 개인주의와 상업주의의 천박함에 길들여진 싸구려 복음에 근거하고 있기 때문에 찾는 사람이 많다는 것이다. 그래서 예수가 말한 것이 좀 더 현실 진리에 가깝다. "좁은 길은 협착하여 찾는 이가 적다."

표리부동에
대하여

동서양을 막론하고 인간 생활의 중요한 덕목 중 하나는 표리부동(表裏不同)하지 않는 것이다. 표리부동은 겉과 속이 같지 않다는 뜻이다. 그러므로 표리부동하지 않다는 것은 겉과 속이 일치한다는 말이다. 그런 사람은 언행일치(言行一致)라 하여 말과 행실이 일치하고, 지행일치(知行一致)라 하여 아는 것과 행하는 것이 일치한다. 예수도 알고 행하지 않는 바리새인을 나무랐고, 겉만 번지레하여 회칠한 무덤 같은 사람을 질책했다. 인간을 더럽게 만드는 것은 입 안으로 들어가는 음식이 아니라 입 밖으로 나오는 말, 더러운 생각, 욕심 가득한 행위라고도 하였다. 그러고 보면 인간 생활의 보편적인 진리는 동서양을 막론하고 비슷하다 할 수 있다.

마태복음 7장 12절("너희는 남에게서 바라는 대로 남에게 해주어라. 이것이 율법과 예언서의 정신이다": 공동번역)에 나오는 소위 '황금률'—남에게 대접받고자 하면 남에게 잘 접대하라—이라는 것은 사실 인류 보편 경험으로서 동서양에 공히 나타난다. 일찍이 공자가 주전 6세기에 "네가 싫은 것을 남에게도 시키지 않는 것"이 인간의 가장 중요한 도리라 말했고, 그보다 조금 늦은 시기인 주전 5세기 고대 그리스 역사학자 헤로도투스(Herodotus)도 비슷한 말을 했다. "내 이웃에게 해가 되는 일을 나 자신이 하지 않을 것이다." 이뿐만 아니라 예수 당시 유대교의 여러 문서에 이런 내용이 언급되고 있다. 가장 대표적인 것은 랍비 힐렐(Hillel)이 한 유명한 이야기에 나타난다. 그 이야기는 이렇다. 어느 날 이교도가 찾아와 자기가 한쪽 발로 서 있을 동안에 유대교의 진리를 설명하면 유대교로 개종하겠다고 하였다. 이에 랍비 힐렐은 마태복음 7장 12절과 유사하게 이렇게 입을 뗐다. "네가 싫어하는 것을 네 이웃에게 하지 말라. 그것이 전체 토라 즉 하느님의 말씀이고, 나머지는 설명하는 부분이다. 가서 그것을 배워라." 신기하지 않은가? 시대와 문화가 다른 때에 여러 깨달은 사람들이 한 말이 비슷하다는 사실이.

표리부동의 문제가 적나라하게 지적된 곳이 많이 있겠지만, 그중 히브리 성서(구약)의 주전 8세기 선지서에 잘 나타난다. 즉 사회의 통치 계층(지배 계층)인 왕, 제사장, 정부 선지자(왕정에 직속된 어용 선지자?), 기타 지방 귀족이 겉으로는 '하느님의 날(The Day of the Lord)'—하느님이 통치하는 완전한 나라 —을 말하고 소망하지만, 속으로는 전혀 변하지 않고 자기들만의 기득권을 유지하는 데 혈안이 되어 오히려 가난한 자, 힘없는 자들을 착취하는 표리부동의 부정(injustice)을 신랄하게 비판한다. 그래서 아모스는 "너희가 바라는 그런 주의 날은 바로 심판의 날, 멸망의 날이 될 것"이라고 경고한다.

한국 사회의 도덕 불감증은 확실히 날로 심각해지는 것 같다. 한국에서 개신교가 '위용'을 자랑하고 있지만 이에 대해 바른 소리, 바른 충고를 하는 사람이 별로 없다. 그냥 묻어간다. 표리부동해도 되는 것인가? 주전 8세기 이스라엘 선지자는 사회 지도층의 표리부동에 대해 신랄하게 경고했는데, 우리 사회에서는 그런 외침이 왜 그리 힘없는가? 오늘날 같은 개인주의적, 성공지상주의적 사회 문화 속에서 종교의 역할이 매우 중요할진대, 종교가 오히려 이런 문화를 즐기고 그 속에서 밀월 관계로 발전하는 것이야말로 세기말적 심판의 대상이다. 교회가 성공과 복만 강조하고 정의와 공동체 의식 함양을 도외시한다면 인류 공영에 손해가 될 뿐이며 그 수명이 다했다고 봐야 한다.

기독교가 현재처럼 성공을 강조하고 개인의 행복을 강조한 적이 있었던가? 없다고 해도 과언이 아닐 것이다. 미국과 한국의 기독교, 그중에서도 특히 개신교(주: 한국에서는 천주교를 다른 종교로 분류하지만 그것은 매우 편협한 구분이다. 일반적으로 전세계 학계 및 통용개념으로는 기독교 Christianity라 하면 천주교, 개신교, 성공회, 그리스 정교, 안식교 등을 포함한다)에서는 개인과 가정의 성공, 행복을 강조하는 것 같다. 일면 문제될 게 없어 보인다. 성공이란 좋은 것이고 행복이란 분명 따뜻한 것이다. 하지만 더불어 사는 삶을 강조하지 않는 개인주의적 성공을 내세우는 건 너무나 무책임한 일이다. 왜냐하면, 하느님은 사람들이 더불어 아름답게(사랑과 정의가 넘치게) 살기를 원하기 때문이다. 구원은 나의 것이고, 성공도 내 것이어야 하는 개인주의의 만연을 개탄하지 않을 수 없다. '구원'을 이야기하기 전에 구원이 무엇인가를 파헤치는 것이 순서다. 적어도 사람이 죽어 그 영혼이 저 세상 하늘나라에 가는 것이 복음서에 나타난 구원은 아니다. 예수가 외친 하늘나라는 반대로 하느님이 통치하는 나라가 이 땅에 이루어지는 것이다. 그래서 하느님 나라가 도래했다고 회개하라고 외친 것이다. 하느님 나라(*basileia tou theou*)를 흔히 영어로 Kingdom of God으로 번역하지만 사실상 더 좋은 번역은 God's kingly rule 혹은 God's reign이다. 즉, "하느님이 다스린다"가 중심이다. 로마 황제나 어떤 이데올로기가 아니라 공명정대한 하느님의 통치가 이 땅에서 실현되는 것이 예수가 가르친 하늘의 복음(good news of God)이다. 그러므로 공관복음서에 나타난 이 구절(*basileia tou theou*)을 천국으로 번역하여 '죽어서 가는 어떤 곳'이라고 생각하는 건 원래 의미를 곡해한 것이다. 또 구원이란 의미에 대해서 간단히 살펴보면, 공관복음서에 쓰인 "구원하다(*sozo*)"의 의미는 신체적 질병 치료와 심신 회복, 공동체 삶 회복, 하느님과의 관계 회복 등 매우 다양한 의미가 있다. 혼자만의 구원이란 게 있을까? 만약 구원이 함께 사는 삶의 의미라면?

누가복음에 나오는 한 고을 군수(한국식으로 보면)의 이야기가 생각난다. 그가 어떻게 영생을 얻겠냐고 물었을 때 예수는 율법을 잘 지켰는지 확인한다. 군수는 어릴 때부터 착실하게 다 지켰다고 답한다. 그래도 한 가지 부족한 것이 있으니 가진 걸 모두 팔아 가난한 자에게 나누어주라고 예수가 말하자 그 군수는 슬퍼하며 돌아간다. 이 이야기는 결국 한 개인의 삶은 공동체에 묶여 있기 때문에 그 공동체가 필요로 하는 것이 내게 있음에도 공급하지 않는다면 나의 삶, 나의 구원은 완성되지 못한 것임을 보여준다.

미국의 조엘 오스틴이라는 목사가 성공에 관한 책을 쓰고 목회 또한 성공적으로 한다 하여 떠들썩한데 나는 정말 안타깝게 생각한다. 그가 하는 목회를 한마디로 표현하면 '너는 성공할 수 있다'이다. 긍정적 사고방식이 나쁘다는 것은 아니다. 다만 그것만으로는 충실한 일을 감당한다고 보기 어렵다고 생각한다. 한국에서도 그의 책이 번역된 걸로 아는데 왜 이런 책이 잘 팔리는지 모르는 것은 아니나 씁쓸한 마음을 지울 수는 없다. 책을 쓴 사람도, 그 책의 열혈 독자들도 더는 개인과 교회의 사회적 책임, 생명의 확장(이원론적 구도가 아닌)에는 관심이 없는 것 같아서다. 이것은 종교가 극단적으로 개인주의에 치우친 모습이다. 종교는 개인적인 것일 뿐 사회와 관계없다는 인식 때문에 이런 현상이 일어난다.

예수의 죽음에 대한 역사적 해석이 여러 가지 있을 수 있고 그것을 기록한 신약성서 해석은 또 다른 문제다. 가장 빨리 기록되었다는 마가복음도 70년경에 기록된 것이라 하니 예수의 죽음과는 적어도 40년가량 시간 차이가 난다. 그리고 마가복음은 나름대로의 신학적 메시지를 전달하는 데에 관심이 있는 것이므로 엄밀히 따지면 역사 자료로 보기에는 어려움이 있다. 그러나 예수 죽음의 역사적인 사건을 따지거나 복음서에 나타난 예수의 죽음을 따지거나 간에 한 가지 잊지 말아야 할 것은 그의 죽음은 사회와 관련이 있고, 그 때문에 십자가 처형을 당했다는 사실이다. 예수의 죽음이 종교적이라고 할 때, 그 종교적이라는 것은 정치·사회·문화 전반을 포함하는 것이다. 옛날일수록 종교는 정치·사회와 직접적이면서도 깊은 관계를 맺고 있었다. 예수는 단순히 속죄물로 죽은 것이 아니다. 예수의 죽음은 역사적인 연구의 대상이기도 하지만 분명한 것은 그의 죽음이 사회와 관련 있다는 것이다. 이런 정치·사회 현실과 종교 상황을 전혀 감안하지 않고 예수의 죽음을 개인적·심리적 로맨틱으로 만들어버린 대가가 너무 크다. 역사적 진실, 역사적 상황을 도외시한 개인주의 신앙이야말로 매우 위험한바, 이 같은 현상이 심화될수록 공동체에 대한 책임의식이 박약해질 뿐만 아니라 공동체는 부수적인 것 혹은 이용의 대상으로 전락하곤 한다. 돌이켜서 생각해보면, 예수의 사회비판적 메시지가 민족의 회개를 불러왔다면 단언컨대 그의 십자가 죽음은 없었을 것이다.

기적은 우리에게
달려 있다

기적을 흔히 초자연적인 현상으로 생각하는 경향이 있다. 하지만 불가능해 보이는 어떤 일을 이루었을 때 기적이라 부르는 것도 매우 타당하다. 그렇게 볼 때 기적은 우리의 삶 가운데 매일 일어날 수 있다. 가난과 사회의 불공평 문제를 어찌 바라보느냐에 따라 기적이 우리에게 일어날 수 있다는 것이다. 그것은 필요에 따라 내가 가진 것을 다른 사람에게 덜어주는 나눔의 기적이다. 나눔이 곧 기적이라는 진리! 다소 평범한 깨달음일 수도 있을 테지만 진정 놀랍지 않은가?

구약성서를 보면 광야에서 생활할 때 이스라엘 사람들은 만나를 자기에게 꼭 필요한 만큼만 가져갈 수 있었다. 그것은 필요한 양만큼 있어야 살 수 있다는 뜻임과 동시에 그 이상 욕심내지 않을 때 다른 사람에게도 필요한 양이 돌아간다는 뜻이기도 하다. 마태복음 20장에 나오는 포도원의 비유를 보라. 주인은 맨 늦게 포도원에 와서 일한 사람에게도 약속대로 같은 일당을 주었다. 일찍 일을 시작한 사람들은 나중에 온 사람과 같은 일당을 받자 불평을 했다. 자신들이 일을 더 많이 했는데 왜 똑같이 주느냐고, 그것이 공평한 일은 아니지 않느냐고 말이다. 이에 주인은 두 가지 사실을 상기시킨다. 자기 재산이니 자기 마음대로 할 수 있다는 것과 처음에 일꾼을 뽑을 때 누구에게나 평상적인 일당을 약속했으므로 자기는 그 약속대로 한 것뿐이라는 사실을 말이다. 이른 아침부터 일을 많이 한 사람들 입장에서는 억울할 수도 있을 테지만, 경제의 정의를 다른 각도에서 보면 늦게 고용된 사람은 늦게 고용되었을 뿐이다. 일찍부터 길에서 기다렸지만 아무도 써주지 않았다. 일하기 싫어서 능장을 피운 것이 아니다. 그리고 그에게도 다른 사람과 똑같이 부양해야 할 가족이 있을 것이다. 집에서 기다리는 가족에게 똑같이 빵을 공급해야 하는 것이다. 일찍 온 사람이나 늦게 온 사람이나 경제적인 필요는 같다는 이야기다. 그러면 그 필요에 따라 같은 배당을 주는 것이 경제 정의다. 단순히 일 많이 한 기준이 아니라 왜 늦게 올 수밖에 없었는지, 부양해야 할 가족이 몇 명이나 되는지 따져볼 때 늦게 온 사람에게도 같은 일당을 주어야 한다고 판단한 것이다. 주인이 그렇게 한 것은 단지 그가 처음부터 모든 일꾼에게 평상 일당을 약속했기 때문이 아니다. 위에서 말했듯이 경제 정의의 다른 측면에서 보면 그런 행위(즉 늦게 온 사람에게도 같은 임금을 주는)가 지극히 공평하고 정의로운 선택이었다는 것을 알 수 있다.

이 세상의 많은 사람이 자기가 필요한 양보다 많이 가져가고, 가져가면 전혀 나누지 않고 쌓아둔다. 나눔의 삶이 실현되지 않을 때 빈부 차는 심해지고 가난의 재생산이라는 빈곤의 악순환이 일어난다. 노사 간의 문제도 궁극적으로는 나눔을 어떻게 실현하느냐의 문제일 것이다. 기업의 목표가 흔히 이윤의 극대화라 하지만, 기업의 참다운 목표는 그 이상의 것이어야 한다. 즉 이익을 어떻게 노사가 함께 나누는가 그리고 어떻게 사회에 재투자하고 환원하는가의 문제다. 기업의 사회 경제적인 책임이 또 다른 목표가 되어야 한다.

교회도 마찬가지다. 교회가 그리 많은데 왜 세상이 변하지 않는가? 아니, 왜 기독교인들이 사회적 책임을 다하지 못하고 이기적인 신앙 혹은 이기적 삶을 살고 있는가? 교회의 기업적 팽창과 사회적 책임의 회피는 어디서 온 것인가? 교회의 목적이 무엇인가? 복음의 핵심이 무엇인가? 여러 가지로 정의할 수 있겠지만, 일차적으로 가장 중요한 것은 생명의 확산이다. 이 '생명'은 요한복음에서 다루는 주요한 주제 중 하나다. 생명은 이 땅 위에서 누리는 풍성한 삶("도둑은 다만 양을 훔쳐다가 죽여서 없애려고 오지만 나는 양들이 생명을 얻고 더 얻어 풍성하게 하려고 왔다." 요 10:10: 공동번역)을 의미한다. 여기서의 풍성한 삶이란 이 땅 위에서 전인적인 인간의 모습을 회복하고 정치 · 경제 · 사회적으로 해방된 공동체적인 삶을 말한다. 모든 사람이 그런 삶을 살아야 하는 것이 지상 과제라면 교회가 어떻게 해야 하겠는가? 교회는 다양한 형태의 생명 확장 사업에 참여해야 할 것이다. 여기서의 생명은 영혼을 말하는 것이 아니다. 그것은 헬라어로 조에(zoe)인데 영속적인 개념의 삶이나 현재를 떠난 삶은 있을 수 없다. 그러므로 공관복음서에 나오는 예수의 천국은 죽어서 가는 저 세상이 아니고 이 땅에 이루어지고 있고, 완전히 이루어지길 소망하는 하느님의 나라다. 하느님이 다스리는 정의와 평화의 나라, 그렇게 사는 곳이 바로 천국이다. 예수가 가르친 주기도문에서도 하느님 나라가 이 땅에 오기를 기도하고 있다(Thy kingdom come). 그런데 교회가 유감스럽게도 생명을 영혼으로 등식화하고 천국을 내세로 바꿈으로써 교회의 사회적 책임이나 생명의 확산은 이차적인 일, 부수적인 것으로 전락하고 말았다. 아직도 전 세계적으로 식량이 없어서 굶어 죽는 사람이 많은데 선진국에서는 음식이 남아돌아 버리고, 또 미국은 자유와 안전이라는 이름으로 천문학적 숫자의 국방비를 쓰고 있다. 정말 안타깝다.

넘어야 할 선,
넘지 말아야 할 선

●

우리 삶에는 넘지 말아야 할 선이 있다. 다른 사람의 가정에 허락 없이 침입하면 강도가 되듯이 우리 각자 혹은 집단, 국가에는 고유한 경계가 있다. 그것을 넘지 말아야 한다. 개인에게는 프라이버시가 있다. 그러므로 어떤 사람을 자기 기준으로 판단해선 안 된다. 말을 잘 못하는 사람에게 말을 강요하는 것도 무례고, 말을 잘하는 사람에게 말을 하지 말라고 막는 것도 무례다. 국가를 예로 들면, 미국이 전 세계의 지탄을 받는 부분 중 하나가 바로 일방주의(Unilateralism)다. 유엔이라는 틀을 무시하고 다른 나라의 경계를 마음대로 넘나들며 하고 싶은 대로 하는 미국의 일방주의는 국가 간 무례의 아주 좋은 예다. 왜 우리는 넘지 말아야 할 선을 넘는 것일까? 많은 이유 중에서 하나를 꼽으라면 자기과

시가 아닌가 싶다. 자기중심적이 되다 보면 상대방이 보이지 않고, 아주 쉽게 상대방을 자기 기준으로 난도질해버린다.

　　　　반대로 우리에게는 넘어야 할 선이 있다. 그것은 우리를 가로막는 이념의 장벽, 나아가 단순한 이념의 차이가 문제가 아니라 그 이념의 차이 때문에 생기는 벽, 즉 서로 사랑하지 못하는 장벽이다. 우리는 그것을 넘어서야 한다. 몇 년 전에 에드워드 사이드(Edward Said)가 타계했다. 그는 콜럼비아 대학의 비교문학 비평가이자 교수였으며, 팔레스타인계 미국인으로 오랫동안 팔레스타인 문제에 깊은 관심을 두고 활동했다. 그는 현실 정치에 깊은 관심을 가진 지성인이자 기독교인으로서 팔레스타인 문제를 보는 눈이 남달랐다. 그는 이렇게 주장했다. "이스라엘은 자기중심적인 편견에 사로잡혀 상대방을 함부로 넘어서지 말아야 한다. 또 자기의 욕심, 선민사상을 넘어(혹은 버리고) 함께 살 수 있는 길을 모색해야 한다." 사이드의 주장대로다. 나와 다르니까 골치 아프다, 그래서 아예 넘지 못할 선을 그어버리겠다는 식이 아니라 먼저 해결해야 할 것은 바로 차별하는 벽을 넘어서는 일이다.

미션이란
무엇인가

미션(mission)을 뭐라고 번역할까. 참 어렵지만 사명이라고 하는 것이 좋겠다. 사명은 해야 할 일이니까 그것을 통해 자연스럽게 그 일을 왜 해야 하며 무엇이 중요한지를 알 수 있기 때문이다. 보통 미국 문화에서 보면, 미션은 각 단체마다 있기 마련이다. 이때 미션이란 것은 그 단체가 왜 존재하며 무엇을 해야 할 것인가 등을 밝히는데, 이는 대개 사명선언문(mission statement)에 담겨 있다. 시대의 변화에 따라 사명선언문도 종종 개정되곤 한다. 대학교를 예로 들면, 필자가 몸담고 있는 대학의 경우 사명선언문은 학생들의 특수한 문화전통 교육을 강조하며 학문적·사회적·문화적으로 우수한 인재를 키워내어 사회 변혁에 공헌하는 것으로 밝히고 있다. 다른 대학교는 다른 목표로 혹은 강조점으로 대학 교육의 의미를 둔다. 수많은 대학의 사명선언문은 조금씩 혹은 많이 다르지만 공통점은 건전한 인재를 키워낸다는 데 있다.

수많은 교회의 사명선언문에도 이와 같이 분명한 공통점이 있을까? 있기는 있지만 유감스럽게도 교회의 존립 근거인 예수의 가르침과 큰 거리가 있지 않나 하는 것이 내 생각이다. 흔히 교회의 궁극 사명은 전도 혹은 복음화에 있다고 하는데 과연 그것이 유일한 해석인가? 문제는 각 교회의 사명선언문의 기초가 과연 어디에 있는지 점검할 필요가 있다는 것이다. 성서는 하나의 통일된 책이 아니기 때문에 어디서 어떻게 하여 사명을 끄집어냈는지, 그리고 그것이 원문 해석과 오늘의 삶의 적용에 충실했는지 깊이 따져봐야 한다. 빌리 그래함식 대중 전도가 마치 고린도 거리나 광장에서 행한 바울의 전도와 같다고 생각한다면 크나큰 오산이다. 바울은 그렇게 떠들썩하게 전도를 할 수 없었다. 오히려 몸소 일하면서 소위 말하는 서민들 속으로 들어가서 그들과 교제하며 그가 믿는 바 신앙과 삶을 나눈 것뿐이다.

바울이 외치고 전한 산 복음은 매우 깊은 의미가 있어서 여기에서는 다 설명할 수가 없다. 중요한 것은 그에게 복음은 여러 가지로 표현됐다는 점이다. 때때로 하느님의 복음, 십자가의 복음, 그리스도의 복음, 나의 복음 등으로 표현되었는데, 그 중심에 흐르는 핵심 복음은 하느님의 능력이었다. 그 능력은 소외된 자, 억눌린 자, 힘없는 자, 노예, 약자와 함께하시는 하느님의 힘이었고, 가진 자와 힘 있는 자를 심판하며 부끄러움을 알게 하는 지혜요 능력이었다. 사영리 전도처럼 예수를 영접하고 회개하고 기도하면 하느님의 자녀가 된다는 식이 아니다. 소위 고구마 전도라 하여 괜한 사람을 쿡쿡 찔러 예수 믿어라 하는 게 복음의 핵심이 아니고 좋은 예절도 아니다. 이것은 꽉 막힌 아집의 소유자들만 할 수 있는 일이다. 믿음은 무엇을 믿는 데 있는 것이 아니라 어떻게 사느냐와 관계 있다. 믿음은 삶의 문제다. 그래서 헬라어와 히브리어 전통을 따라가면 결국 믿음은 단순한 명사가 아니라 동사형 명사인 것이다. 즉 신실함, 믿음직스러움, 충실하게 삶(faithfulness)의 뜻이 된다. 믿음을 수식하는 서술어는 '가져라'가 아니라 '살아라'라고 바꾸어야 한다. 믿음은 사는 삶이다. 그것이 히브리 성서의 보편적인 이해이며 예수와 바울이 이해한 것이다.

교회의 존재 이유와 할 일이 무엇인가를 따져봄으로써 각각의 교회 환경에 알맞은 사명선언문을 작성할 수 있을 것이다. 신약성서에서 미션이 무엇인지 찾아볼 수 있을까? 우선 미션이란 말은 성서에 없다. 단지 읽는 사람이 찾아내야 한다. 예수가 행한 가장 중요한 일 혹은 그가 왜 그런 고난에 찬 삶을 살았는가 보려면, 그의 말과 일을 보면 된다. 그가 외친 것은 세례 요한과 같다. 하느님 나라(저 하늘나라: 장소적으로 여기가 아니고 미래적인 개념도 아님)가 도래했으니 회개하라고 외쳤다. 예수가 부르짖은 하느님 나라는 하느님이 다스리는, 즉 사랑과 정의가 넘쳐나는 세상이었다. 그런 세상이 되게 하기 위해 그 당시 사람들이

해야 할 것은 무엇이었는가? 바로 돌이키고 사랑과 정의의 강물이 흐르게 해야 한다는 것이었다. 하느님 나라는 그저 오는 것이 아니다. 왜냐하면 인간들이 돌이켜야 하기 때문이다. 만약 예수가 다시 오늘 이 땅에 와서 요즈음 교회가 하는 일을 보면 과연 이해할 수 있을까?

미션을 여러 가지로 정의할 수는 있으나 그 정의가 과연 성서의 가르침과 해석에 부합하는가를 따져야 한다. 물론 예수의 미션이 갖는 의미와 이유에 다양한 각도, 즉 종교 · 사회 · 문화 · 정치 · 심리적으로 접근할 수 있다. 그러므로 다양하고 복잡한 미션의 의미를 충분히 파악하고 새롭게 적용하고 계승 · 발전시키는 것이 중요하다. 어떤 하나만 붙잡고 그것이 전부인 양 고집하는 것은 우물 안 개구리와 같다. 자기의 세계를 전체로 확대하는 우를 범하는 것이다. 미션이 무엇이라고 확정하기 전에 미션의 다양성을 충분히 검토하고 연구하고 고민해야 한다. 그런 작업 없이 19세기 유럽 사람들이, 미국을 매개로 전 세계에 전달한 교리식 전도, 획일 문화의 확산, 개인주의적 이기주의의 만연을 가져오게 한 것에 대한 철저한 반성을 통해 거듭나야 하는 것이다. 한 번 거듭나서는 안 된다. 거듭난다는 말보다는 좀 더 높은 곳, 좀 더 깊은 곳에서 출발하는 그런 안목으로 매번 거듭나야 할 것이다.

진정으로 이런 안목과 깨달음 없이 다른 사람을 '개종시키겠다' 혹은 '구원하겠다' 하는 것은 자가당착이고 사회적인 낭비다. 원래 종교의 의미는 남을 믿게 하거나 개종시키거나, 어떤 의미이든 구원하겠다는 데 있는 것이 아니다. 물론 역사적으로 살펴보면 종교의 폐해는 이루 헤아리기 어렵다. 정말 아이러니다. 사람을 살려야 하는 종교가 사람을 차별하고 죽이니! 그러므로 궁극적으로 성서를 어떻게 해석하느냐가 매우 중요하다. 성서에서 발견되는 신과 인간의 경험을 어떻게 읽는가가 중요하다. 그런 모든 작업에서 핵심은 종교 경험은 삶이고 서로 유익을 주는 것이지 다른 사람에게 내 종교를 믿으라고 말할 필요가 없다는 것이다. 그것이 종교의 존재 이유는 아니다. 인간의 오해와 아집, 교만에서 오는 병일 뿐이다. 깊은 연구와 고민, 깨달음 없이 일순간 마치 전 인생의 의미를 간파한 것처럼 계속 그 자리에 머물면 결국 고인 물처럼 썩어 변혁의 중추가 되기는 고사하고 사회의 짐이요 낭비가 되고 만다. 한국의 청년들이 혹시 이렇게 되지 않을까 사뭇 걱정된다. 기독교를 포함하여 종교의 힘은 지식이나 사상 체계, 돈이나 조직에 있지 않고, 그 속에 자기 변혁의 에너지, 겸손과 인내, 포용이 있는가에 달려 있다.

나는 한국에 살고 있지 않지만 늘 한국을 사랑하는 마음이 충만한 사람이다. 그래서 한국의 종교가 새롭게 거듭나기를 간절하게 바란다. 그러지 않고는 한국의 미래는 어둡기 때문이다. 경제만능주의의 시대에 이를 비평하고 새로운 사회적인 비전을 제시할 곳은 종교밖에 없다. 결국 종교의 발전에서 이 모든 것을 찾을 수 있다는 것이다. 그것이 가능할까? 나는 희망을 놓지 않고 있다.

약함을
인정하라

졸음운전을 이기는 확실한 방법은? 다소 의외의 물음인 것 같으나 이 사소한 질문으로 우리가 간과하기 쉬운 인생의 지혜 한 가지를 엿볼 수 있다. 장거리 운전을 하다 보면 반드시 졸음이 오게 마련이다. 미국에서는 이웃 주까지 가더라도 10시간 이상 운전해야 하는 일이 허다하다. 버지니아 리치몬드에서 테네시 내쉬빌까지 한 600마일 되는데 10시간 정도 걸린다. 하룻길이지만 그날의 날씨와 식사 횟수, 속도, 도로 상황에 따라 차이가 난다. 조금 빨리 가든 늦게 가든 장거리 운전이다 보니 극도로 졸릴 때가 있다. 이때 어떻게 하는 것이 가장 확실한 졸음 퇴치법일까? 해답은 너무나 간단하다. 졸음과 싸우지 말고 운전을 쉬어야 한다. 빨리 근처 휴게소로 들어가거나 다음 출구에서 나가 차 안에서 잠시 잠을 청하는 것이다. 잠과 싸우는 것이 아니라 잠에 져 주어야 한다. 졸음에 항복하고 잠시 잠으로 들어가는 게 최선이다. 잠과 싸우는 방법이 아닌 것이다. 만약 잠을 자지 않고 계속 운전을 고집하면서 눈을 비비고 살을 꼬집거나 음악을 크게 트는 등 갖은 수단을 동원해 졸음을 쫓으려 한다면 그것은 졸음을 이기려고 싸우는 것이다. 물론 졸음의 정도가 약할 때는 이 같은 방법이 먹힐 수도 있을 테지만 졸음이 극도로 몰려올 때는 매우 위험한 방법일 수밖에 없다.

　　여기서 우리가 얻는 교훈은 매사에 덮어놓고 저항할 것이 아니라 인간의 약함을 약함 그대로 인정하고 받아들이며 그 약함에 순응해야 할 때도 있다는 것이다. 그렇게 할 때 약함 속에서 강한 자로 다시 살아난다. 싸우기보다는 그것을 현실로 받아들이면서 그 가운데서 살아가는 방법을 배우고 시간을 갖고 다시 재충전할 때 약함을 극복할 수 있다. 만약 인간으로서 버티기 어려운 한계 신호가 왔는데도 무시하고 주어진 상황에 계속 저항한다면 우리의 몸은 그 만용으로 강해지기는커녕 그냥 부서지고 말 것이다. 인간은 그만큼 약하다. 그 약함을 알고 받아들이는 자만이 강해질 수 있다.

　　인간의 심리 문제 혹은 사회생활 문제로 논의를 조금 더 확대해보자. 우리 인간은 까닭 없이 닥치는 어떤 시련이나 어려움, 자신을 괴롭고 힘들게 하는 어떤 사람이나 조직 또는 자신 안에 깊이 내재한 어떤 무의식 속에서 뭔가 모를 불덩이같이 속을 태우는 존재가 있을 때, 그런 어려움, 이해 안 되는 고난의 심연에서 헤쳐 나오기 위해 발버둥을 치거나 그런 어려움을 피해보려고 한다. 그 정도가 아주 심할 경우에는 방어적으로 자기만의 환상(fantasy)을 만들어서 현실을 교묘히 회피하기도 한다. 여기서 심리학적 병에 속하는 것은 후자 곧 환상에 매몰되는 경우다. 환상은 현실의 고통과 복잡함을 회피하게 한다. 그래서 현실을 전혀 직시하지도 못하고 현실의 어려움을 헤쳐 나가지도 못한다. 환상이나 망상으로 현실의 어려움을 회피하면서 문제를 풀려 하는 것은 적절한 해결 방법이 아니다. 정신적 병만 깊어진다. 태생적인 약함 앞에서 인간이 취할 수 있는 가장 확실한 승리(혹은 생존)의 지혜는 그 약함을 인정하고 받아들이고 그 약함 속에 머무는 것이다. 우리 앞에 닥쳐오는 이유 없는 고통과 시련이라는 상황을 인정하지 않거나 회피하려 하지 않고 그 현실을 안고 살아가는 것을 말한다. '이해 안 되는' 현실을 껴안고 시간을 함께 보내면서 잠시 죽어주는 것이다. 그냥 잠에 빠져버리는 것이 곤한 심신을 달래는 가장 좋은 방법이었듯이.

　　　이해 안 되는 현실, 이해 안 되는 자기 내면의 고통과 불덩이를 받아들인다는 것은 말처럼 쉽지 않다. 거기에는 에너지가 수반되며 시간이 갈수록 고통의 희열 같은 것을 깨닫게 되기도 한다. 다소 역설적이기는 하지만 우리는 고통과 함께함으로써 희열이라는 선물을 받아안게 된다. 다시 말하면 고통이나 감당하기 어려운 현실을 회피하거나 환상으로 몰고 가는 것이 아니라 그것과 함께 지내며 약함 가운데 강해져 가고, 약함 가운데 신의 섭리를 보며, 약함 가운데 다른 사람의 약함을 이해하게 되는 또 다른 깊은 섭리적, 신학적 내용도 성찰해볼 수 있다는 것이다.

넘어설 수 없거나 이해하기 힘든 어떤 문제 상황에 부딪힐 때 그것을 하나의 섭리적 사건으로 간주하면 어떨까? 어떻게 보면 그것은 일상생활의 반복 속에 부단히 일어나는 하나의 사건이자 끊임없이 일어나야 우리가 강해질 수 있다는 말도 된다. 나의 약함은 나라는 존재만을 위해 필요한 것이 아니라 어쩌면 함께 살아야 하는 이웃과 세상을 이해하는 데 반드시 필요한 것인지도 모른다. 이렇게 본다면 우리가 이해하지 못하는 어떤 이질감이나 우리가 받는 어떤 수모나 고난, 우리를 싫어하는 사람들이나 어떤 사건 같은 것들이 없으면 좋겠지만 정작 없으면 안 되는 필요악적인 요소가 아닐까 싶다. 조금 양보하여 필요악까지는 아니더라도 적어도 그것이 수행해야 할 역할이 있다고 보면 어떨까? 그것은 바로 현실의 고통을 회피하지 않고 가슴에 떠안고 살아갈 존재가 되어 준다는 사실이다. 그럼으로써 우리는 고통의 깊은 섭리적, 신학적 내용을 성찰하게 된다.

우리 주변에는 문제를 이와 반대로 해결하는 사람들이 적지 않다. 현대의 정치나 개인생활이나 사회 현상을 살펴보면 자신이 생각하는 것과 정반대로 진행되는 일이 허다하다. 그래서 사람들은 골치 아폰 존재나 자신을 괴롭히는 존재가 있으면 압도하거나 무시하거나 제거하거나 격리하고는 한다. 어떤 적이 나를 공격하기 전에 선제공격하여 제압 혹은 미리 제거하겠다는 생각, 잔혹한 정치 신념 따위는 좋은 해결책이 아닐 뿐더러 가장 위험한 인류의 적이다. 사람들은 교만과 독선으로 가득 차서 자기를 성찰하는 눈마저 잃을 것이다. 그런 사람들이 살아가는 세상을 상상해보라. 전 세계는 가장 위험한 독재 혹은 제국의 발톱 아래 놓이게 될 것이다. 그런 면에서 보더라도 우리는 소위 말하는 '적'을 상대하는 방법을 새롭게 바꿔야 한다. 적을 상대하는 새로운 방법은 무엇일까? '적'이라 하면 원수이고, 원수는 다른 사람, 단체, 국가 중에도 있지만 내 안에도 있다. 이쯤에서 우리는 예수의 외침을 다시 상기해야 한다. 원수를 사랑하라는 예수의 외침, 그것은 이 세상에 실현 가능한 일일까? 원수는 미워하고 제거해야 할 상대라는 것이 일반적 통념이며 가장 손쉬운 문제 해결 방법이다. 그러나 그렇게 함으로써 사회가 발전하고 개인이 발전했던가? 절대 그렇지 않았다. 오히려 원수를 없애니 그 원수가 반동처럼 앙갚음을 하고, 그렇게 미움이라는 악의 고리가 확대재생산되는 것을 우리는 역사를 통해 확인한다.

원수를 제압하고 제거하는 것이 적절한 해결책이 될 수 없으므로 앞으로 다시 돌아가 예수의 외침을 곱씹어본다. 원수를 사랑하라는 말에 담긴 참뜻은 무엇일까? 어떻게 하는 것이 원수를 사랑하는 것일까? 결코 간단하게 답할 수 없는 물음이다. 하지만 이런 물음에 대해

진지하게 짚어보는 것은 오늘의 다원화 갈등사회 속에서 타자성의 문제와 또 기계 전자적 현대문명으로 소외된 인간의 문제를 다루는 데 매우 중요한 시사점을 준다. 사실 원수의 존재는 100% 나쁜 것이 아니다. 그 나름대로 정치적 역할이 있다. 쟈크 데리다(Jacques Derrida)는 원수에 둘러싸인 국가보다 원수가 하나도 없는 국가가 더 위험하다고 말했다. 무슨 말인가 하면, 원수를 규정하는 작업 자체는 나름대로 선악의 판단, 시비 판단 등 하나의 정치적 과정이고, 그 과정에서 항상 서로 경쟁하며 나름대로 어떤 '선'을 추구한다고 보는 것이다. 즉 원수가 누군지 알면 그렇게 살지 않으려 할 수도 있고 또 원수에 대비할 수도 있다는 이야기다. 또 원수가 있다는 것을 알고 살아가면 협상도 가능하고 대화도 가능하다. 팽팽한 긴장 속에서 공존하는 법을 대화를 통해 모색해 나가기도 한다는 것이다. 원수가 하나도 없는 나라가 있다고 가정해 보자. 그 나라 사람들은 모두가 한편이고 원수가 없다는 생각에서 오는 안일함과 생활 속에 도사린 가장 큰 위험 곧 누가 원수인지 모르는 무지 속에(혹은 맹신과 세뇌 속에)서 살아갈 수밖에 없다. 그러니 그 나라에는 긴장이 없고 위험에 대한 대비도 없다. 그래서 데리다는 무사안일주의에 빠진 이런 국가가 가장 위험하다고 지적한 것이다. 이렇게 보면 한 사회가 순기능을 하려면 항상 서로 경쟁하는 긴장관계가 유지돼야 한다는 것이니 원수라는 말을 새롭게 되새겨볼 만하다.

죽음이라는
희망

작금의 세계 정치, 아니 전 세계의 역사를 통틀어 인류는 늘 욕심 때문에 수많은 분쟁과 살육을 일삼아 왔다. 동물 세계의 약육강식이나 다윈의 적자생존 원칙을 당연시하며 인간 사회에도 공공연히 적용하고 있다. 그래서 수단과 방법을 가리지 않고 국력을 기르는 나라가 적지 않다. 인간의 욕심은 인간 사회에만 미치는 것이 아니다. 우리가 사는 지구는 이미 그 능력을 상당 부분 상실하여 과연 인간 생명을 계속해서 담아낼 수 있을지 의문이 생길 정도다. 지구 온난화로 대표되는 생태계의 문제는 인간 문제이기 전에 생태계 자체가 죽어가고, 그 질서(나름대로의 질서)가 파괴되어간다는 심각성을 담고 있다. 공동 멸망의 길로 가는 안타까움이랄까? 인간에게 희망을 기대할 수 있는가? 선악설이 더 설득력 있는 게 아닌가? 희망이 있다면 그 희망은 어떤 것이어야 하고 어떻게 그런 희망의 날로 갈 수 있는가? 이것은 성서 주제 중 하나기도 하다. 특히 바울은 로마서에서 창조 세계의 고통은 인간의 욕심 때문에 일어난다고 하며 창조 질서의 회복을 꿈꿨다. 바울은 원죄라 말하지 않는다. 우리의 욕심이 문제며 그것을 죽이는 게 반대로 회복 과정이 되는 것이다. 내가 죽어야 산다는 것이 바울의 사상이요, 그의 신학이다.

나는 희망의 단어를 '죽음'에서 찾고자 한다. 자연을 보라. 자연이 늘 같은 것처럼 보이지만 사실은 같은 게 아니다. 자연의 순환 속에서 꽃도 피고 지고, 나무도 자라고 늙고 때로는 태풍에 쓰러진다. 모든 살아 있는 것은 생명의 순환 작용, 즉 태어나고 성장하고 죽는 과정을 거친다. 이런 순환이 없으면 생명 세계의 유지가 불가능하다. 자연의 이치란 그런 것이다. 죽을 줄 아는 것이다. 때가 되면 봄에 새싹이 돋아난다. 죽을 때 죽어야 봄의 생기, 생명이 있게 된다. 여름의 무성한 나뭇잎도 가을이 되면 단풍으로 변하고, 겨울이 되면 낙엽으로 떨어진다. 낙엽은 슬픔과 분리의 산물이 아니라 재생산과 경제 법칙에 따른 당연한 결과며 축복이다. 그러므로 자연 세계에서 분리와 죽음이란 자연이 사는 방법이다.

사람의 생명은 무엇인가? 자연의 비유를 적용할 수 있다. 사람이 육체적으로 죽는 것은 생물학적인 생명의 측면에서 당연한 자연 현상이다. 이것을 자연스레 받아들이지 못하는 게 문제다. 즉 자연적 죽음을 부정적으로 보거나 죽지 않으려고 발버둥치는 건 자연을 배반하는 것이다. 성서에서는 자연적 죽음을 나쁜 것 혹은 피해야 할 어떤 원죄적인 심판이라 보지 않고 당연한 것으로 여긴다. 그러한 바탕 위에서 성서가 다루는 문제는 인간의 삶이다. 성서는 인간의 삶에서 일어나는 여러 가지 정황에 대해 그 경험을 기록한 것이다. 그러므로 성서에서 다루는 인간의 죽음은 육체적 죽음이 아니라 비유적·은유적 죽음이다. 바울이 대표적으로 죽음에 대해 많이 이야기한다. 예수의 죽음처럼, 자연의 죽음처럼, 그리스도를 따르는 사람은 그렇게 살다 죽어야 한다는 것이 바울이 깨달은 신학이다. 왜냐하면 바울이 찾는 희망은 오직 죽은 자에게만 혹은 죽는 자에게만 있기 때문이다. 인간의 문제는 죽지 않으려 발버둥치는 데서 시작한다. 자기의 욕심에 사로잡혀 생명을 연장하는 것이다. 남을 희생해서라도 내가 살아야겠다고 하는 것이 문제다.

혹자는 이 땅에서 맞는 인간의 삶을 나그네의 그것에 비유하기도 한다. 이승에서의 삶은 영원한 삶을 위한 준비일 뿐이라는 것이다. 이처럼 이 땅의 삶을 격하하는 것은 진정한 죽음의 의미와 거기서 가능한 희망의 씨앗을 망각하는 행위요, 언사다. 인간의 삶을 저 세상으로 연장하고자 하는 것 또한 욕망이다. 그것은 모르는 영역이다. 그것은 신에게 맡기는 영역이다. 차라리 상상하지 않는 편이 좋다. 사실 성서를 보면 그런 이분법적 세상관, 인생관을 찾기가 쉽지 않다. 달리 말하면 성서가 다루는 주제는 이 땅의 삶이다. 계시문학에서 초월적 세상이나 시간에 대해 이야기해도 그것은 어디까지나 현재의 삶에 대한 반영 혹은 투영일 따름이다.

죽음이 희망의 시작이란 말은 무슨 의미인가? 첫째는, 우리의 삶 혹은 생명의 신비를 죽음에서 찾아야 한다는 것이다. 위에서 말했듯이 진정한 죽음의 의미를 알아야 비로소 생명이 가능하다. 그런데 문제는 거기서 찾지 않는 데 있다. 찾았다 하는 사람들은 죽음을 부정하거나 초월하려고 하는 사람들이다. 그러나 자연의 법칙이나 신비에서 보듯이 인간은 비유적으로 말할 때 예수와 바울이 강조한 것처럼 잘 '죽어야' 한다. 자기의 욕심을 죽이는 것이다. 그리고 개인의 죽음 이후를 자기 개체의 연속이나 연장선상에서 욕심으로 보는 것이 아니라 자기의 개체성을 완전히 포기하는 것, 그것이 진정한 죽음의 자세일 것이다. 혹자는 말할 것이다. 허무주의로 빠질 것이라고. 잘못 적용하고 오해할 때 허무주의에 빠질 가능성이 있다. 그러나 여기서 말하고자 하는 것은 나의 개체성을 부인할 때—자기의 개체만이 아닌 좀 더 확대된 자기를 생각할 때—다른 의미에서 내가 사는 길이라는 것이다. 마치 자연의 끊임없는 순환 법칙처럼 말이다. 이것을 나는 비유적으로 '죽음의 자세'라 말하고 싶다. 죽는 자만이 사는 것이다. 살려고 하면 죽는다는 것이다.

인간에게 희망이 있다면 그 희망은 죽음에서 시작해야 한다.

그 죽음이 육체적인 것이든 비유적·은유적인 것이든 죽음은 신이 하는 섭리의 일부다. 따라서 죽음은 우리가 쉽게 논리적으로 설명할 부분이 아닌 신비에 속하는 것인데, 이것을 부인하거나 피하거나 초월하려고 하는 것은 바로 신의 섭리를 부인하는 게 아닌가 한다. 문제는 그것을 깨닫지 못하고 가장 현명한 척하는 인간들의 무지몽매와 욕심일진데 '죽음'을 잘 이해하고 죽는 사람이 많아질 때 우리 사회에 희망의 싹이 움틀 것이다.

진정한
나의 모습이란

사람들은 진정한 자기의 모습이 무엇인지 알려고 한다. 진정한 자기 모습을 사진으로 표현할 수 있을까? 물론 불가능하다. 예를 들어보자. 언젠가 집 근처 공원에 가서 소위 말하는 셀프 카메라로 사진을 여러 장 찍어왔다. 집에서 사진을 슬라이드로 돌려보았다. 그런데 놀라운 것을 발견했다. 내가 이렇게 생겼던가? 어떤 사진은 마음에 들지 않고 어떤 사진은 다른 사람에게 보여주고 싶기도 했다. 나는 마음에 드는 그 사진들이 진짜 내 모습이라고 위로하기도 했다. 그래서 나는 본능적으로 잘못 나온 사진을 삭제했다. 사진 한 장 한 장을 보면서 같은 사람인데 어째서 얼굴 표정과 모습이 저렇게 조금씩 혹은 많이 다른 것일까 하고 생각했다. 이유는 간단하다. 그때 가졌던 내면의 생각과 느낌에 따라 얼굴이 그것을 표현하기 때문에 사진에 그런 모습이 잡힌 것뿐이다. 어느 것이 진정한 내 모습인가? 실상 어떤 사진도 아니다. 모든 사진의 단순한 합도 내 진짜 모습이 될 수 없다. 나의 모습은 순간에 나타났다 사라지는 것이고 비록 사진에 담겼다 하더라도 그것이 고착된 모습이 아니다. 왜냐하면 나는 이미 그 자리에 없기 때문이다. 끊임없이 변해가는 한 과정의 연속선상에 있기에 잡으려 하면 사라져버리는 순간적 접점일 뿐이다.

이렇게 볼 때 자신의 진정한 모습은 사실 담아낼 수가 없다. 그래도 가장 근사치를 말할 것 같으면 찍힌 모든 사진을 분석하며 못난 사진도 잘난 사진도 함께 봐야 하는 것이다. 나라는 존재는 천의 얼굴을 가지고 계속 변해가는 삶의 모습을 간직하고 있다는 걸 깨닫는 것이 중요하다. 왜냐하면 그 과정의 삶 속에 나타난 여러 가지 모습은 내가 살아가는 모습이며 힘든 일도 좋은 일도 모든 것이 나를 구성하는 일부이기 때문이다. 어느 하나 무시할 수 없다. 무시하거나 피하지 말고 그것을 직시하고 대면하고 대화하고 인정하고 힘들어하고 부족하다는 걸 깨닫고 자기의 삶을 헤쳐 나가야 하는 것이다. 죽음의 계곡을 지나갈 때면 그 계곡이 끝이 아니라는 믿음과 희망이 우리를 지탱해주기도 한다. 또 어두운 터널을 지나면서 진정한 인생의 의미를 깨닫기도 한다. 그러니 이 모든 과정이 자신의 모습 아니겠는가?

부단히 변하고 연약한 자기 모습이라는 실존 앞에서 우리가 취해야 할 자세는 바로 어정쩡한 듯한 수줍음(shy)이다. 약한 모습이 자신의 모습이라면 거기에는 본질적인 수줍음이 있어야 한다. 이런 부끄러움이 아름다울 때는 소녀가 소년 앞에서 혹은 소년이 소녀 앞에서 어쩔 줄 몰라 온 몸을 비틀듯 살며시 느끼는 그런 기분이다. 때 묻지 않은 순수함 때문에 그런 부끄럼이 아름답다. 그런 부끄러움은 겸손과도 통하여 잘났다고 나서지 않으면서 자신의 모습을 드러내니 그 더딘 만남 속에 향기가 나온다. 향기는 당연히 옆에 있는 사람에게도 풍긴다. 이런 부끄러워함을 어른들이 회복해야 한다. 잘난 체하며 서로 뽐내려다 보면 부끄럼은 사라지고 향기가 아니라 악취만 풍길 뿐이다. 원래 그윽한 향기는 자극적이지 않고 천천히 깊숙이 스며든다. 인간관계도 이러해야 하리라. 그런데 이런 부끄럼은 어떤 자세일 때 오는 것일까? 그것은 상대를 인격으로, 소망의 대상으로 볼 때다. 일종의 경외심과 기대를 품는 자세일 것이다. 이런 자세에서 나오는 본연적인 부끄럼은 창피함이 아니고 새로운 대상을 만날 때 우러나오는 자연스런 감정이다. 인간관계를 급하게 가져가면 일방적 관계가 되거나 아니면 조급함으로 인해 서로 악취를 마구 뿜어낼 수가 있다.

　　대부분의 어른은 왜 이런 부끄럼이 없는가? 가장 중요한 이유는 겸손이 없기 때문이다. 겸손이 없는 이유는 잘난 체하기 때문일 수도 있고, 자기가 아는 것이 확실하다고 믿기 때문일 수도 있으며, 아는 것은 없어도 사회적 위치 때문에 교만해져서일 수도 있다. 더 심각한 것은 잘못을 알고도 그 잘못을 인정하지 않고 끝까지 밀어붙이려는 태도다. 이것이야말로 shame이다. 부끄럼이 아닌 창피함이다. 어떤 경우는 부끄러움이(shy한 의미에서) 뭔지 모르는 사람도 있다. 자아도취에 빠진 사람이 그렇다. 자아도취는 상대방을 있는 그대로 보지 않고 나르시시즘적으로 자기를 상대방에 투영함으로써 모든 것을 자기중심적으로 보게 한다. 그러니 자아도취에 빠진 사람은 상대방에게 기대감이나 경외감 같은 것을 품을 리 없고 오히려 부끄럼을 모르는 악취만 풍길 뿐이다. 또 다른 부류는 자기의 지식과 방향이 절대적으로 옳다고 맹신하며, 다른 사람들의 이야기를 전혀 듣지 않고 자기를 반대하거나 비평하는 자들의 목소리는 모조리 잘못됐다고 비난하기도 한다. 이런 사람도 부끄럼을 모르는바 항상 자기만 떳떳하고 옳다고 생각한다.

이것은 심각한 문제다. 왜냐하면 이런 사람은 자기가 무엇을 모르는지 모르기 때문이다. 그런 사람이 정말 모르는 것은 자신의 지식과 경험, 나아가 신념과 철학도 부분적인 것에 불과하다는 사실이다. 그것을 모른다. 모르는 데서 그치는 것이 아니라 악취를 마구 풍긴다. 이런 사람이 사회 지도자나 단체 리더가 되었다고 생각해보라. 그 악취가 어떠할지 가히 짐작하고도 남는다. 그 때문에 그런 사람이 우두머리로 있는 공동체는 질식을 하게 된다. 왜 그런가? 이런 사람은 부끄럼을 모르고 자아도취이다 보니 절대 다른 사람에게 묻지 않는다. 타인의 이야기를 듣지 않는다. 그러니 어찌 공동체가 숨 쉬고 발전할 수 있겠는가? 질식사할 뿐이다.

　　　반대로 부끄럼을 아는 사람은 자기의 부족을 아는 사람이다. 무엇을 모르는지 알기에 현자라고 할 수 있다. 부끄럼을 아는 사람은 이런 자이다: 자기가 아는 것도 완전하지 않고 지금 보는 것도 완전하지 않으므로 상대방을 대하거나 어떤 대상에 대한 탐구를 해도 완전히 판단해버리지 않고 어떤 기대와 두려움의 대상으로 남겨둔다. 그러니 살며시 부끄럼을 느끼게 된다. 부끄러움을 아는 사람이므로 살포시 다가가서 조심하며 더욱 열심히 탐구하거나 끊임없이 연구에 정진한다. 비록 끝이 보이지 않더라도 말이다. 이런 겸손한 자세에서 그윽한 향기가 나온다. 누구도 거역할 수 없는 그런 향기, 아름다움 말이다.

　　　연약한 존재인 우리 인간의 삶의 과정에는 다양한 문제가 내포되어 있다. 인간은 지·정·의를 지닌 존재이므로 지식적인 문제(knowledge), 의지적인 문제(will), 정서적인 문제(heart)로 분류해볼 수 있다. 어떤 개인이 처한 그때그때의 상황에 따라 문제가 다르며 그에 따른 해결책이 달라야 한다. 어떤 경우에는 문제가 단순히 일정한 사실을 모르는 데서 비롯되기도 하고, 또 어떤 경우에는 알되 잘못 아는 데서(굉장히 위험한 경우) 비롯되기도 한다. 그런가 하면 어떤 경우에는 지식의 문제가 아니라(즉 잘 알고 있음) 의지의 문제로 행동하기 싫어 하는 것이 문제가 되며, 또 어떤 경우에는 잘 알고, 하고 싶어도(즉 지식의 문제도 없고, 의지의 문제도 없으나) 그것을 진행할 힘이 없는 상태(powerless)라서 문제가 되기도 한다. 이런 경우는 혼자 힘으로 헤쳐 나가기 힘들므로 외부의 도움이 필요하다. 마치 알코올 중독자가 혼자 힘으로 중독을 극복하기 어렵듯이 말이다. 그러므로 지식이 부족하면 지식을 찾아야 하고, 지식을 찾되 참 지식을 꾸준히 습득해 나가야 한다(물론 이것은 굉장히 어려운 일이다. 무엇이 참 지식이냐에 따라 지식의 정의가 다르고 습득하는 방법이 다를 수 있으므로). 또 많은 경우에 역사적으로도 알 수 있지만, 알되 잘못 아는 경우가 매우 위험하다. 잘못 아는 지식을 맹신하여 사람을 죽이고 인류사회에 엄청난 피해를 준 경우도 많다. 지금도 그러하다. 이런 경우 심각하게 자문해볼 필요가 있다. '내가 아는 것이 맞다는 걸 확신할 수 있는가?' 어찌 보면 참다운 지식을 추구하는 자세는 '많이 공부하면 할수록 더 많이 모른다는 것을 아는 것'인지도 모르겠다. 무엇을 모르는 것을 안다는 건 대단한 발견이다. 물론 그 발견도 오래가진 않겠지만 말이다. 무엇을 모르는지 모르면서 다 안다고 자신하거나 자기가 아는 것이 맞다고 우기면 정말 곤란하다. 의지가 부족한 경우에는 의지를 진작할 수 있는 각종 동기부여와 그렇게 해야 하는 당위성에 대한 이해도 필요할 것이다. 하고 싶어도 할 힘이 없는 상태도 여러 가지 상황이 있으므로 거기에 맞게 해결책을 모색해야 할 것이다.

결국 인간의 생활이 이런 장애적 특성을 갖는다는 것은(지식 결핍, 불완전 지식, 지식 맹신, 의지 결핍, 힘 결여) 인간 자체에 어떤 치명적 결함이 있어서가 아니라 인간이 세 가지 요소, 즉 지·정·의를 가진 역동적

(dynamic) 존재라서 그렇다는 것을 이해하는 게 중요하다. 물론 세 가지 요소만 있다고 말하는 것은 아니다. 예를 든 것뿐이다. 그래서 어떤 문제를 직면할 때 이러한 역동적 요소를 감안하여 해결책을 고민해야 한다는 것이다. 그렇지 않고 어떤 한 가지로만 분석하고 처방한다면 흔히 말하는 '돌파리' 의사의 행태와 다를 게 없다. 돌파리 의사는 생명을 빼앗거나 망치기도 하지 않던가. 그러므로 스스로 자신을 분석할 때도 마찬가지로 이러한 세 가지 요소가 작용한다는 것을 잊지 말고 동일하게 적용해야 한다.

인생의
수고와 짐

인생길에서 수고하고 무거운 짐을 지지 않은 자가 있을까? 우리의 문제는 어려움을 마주해야 하고 무거운 짐을 감당해야 하는 데 있는 것이 아니다. 문제는 함께할 동료가 없고, 위로받은 사람이 없거나 견딜 힘이 부족할 때인 것이다. 하지만 이보다 더 큰 문제가 있다. 바로 고난과 무거운 짐을 회피하고 쉬운 길만 가려 하는 것이 진정한 문제다. 쉬운 길이란 세상과 타협하고 다른 사람을 짓밟고 가는 길이며, 그것은 멸망의 길이다. 바로 예수가 말한 것이 아닌가? 좁은 길로 들어가라는 것은 바로 수고하고 무거운 짐을 지고 가는 것과 같다. 힘겹지만 그것이 생명의 길이다. 왜냐하면 쉬이 가는 길에는 짓밟음, 경쟁, 비정, 불의, 파멸이 있기 때문이다. 그것이 어찌 생명의 길이라 하겠는가?

수고하고 무거운 짐을 지는 것이 인생의 과정이라면 무엇을 위해 수고하고 짐을 지는지가 중요하다. 자기만을 위해 고난을 겪는 건 가장 딱한 일이다. 그렇게 수고하고도 생명의 열매를 맺지 못하기 때문이다. 생명의 열매는 타인을 위해 수고하고 짐을 질 때 맺어지고 그런 수고를 통해 나도 살게 되는 비밀이 있다. 혼자만 기뻐하고 혼자만 즐거운 일이란 것은 진정한 희락이 아니다. 마치 해산의 수고와 고통을 거쳐야 출산의 기쁨을 만끽하듯이 진정한 기쁨은 수고를 통과해야 이루어진다. 수고하되 타인과 함께하는 인생, 그것이 바로 생명의 열매를 맺는 비결이다.

예수가 말한 "수고하고 무거운 짐 진 자들아 다 내게로 오라. 내가 너희를 편히 쉬게 하리라"는 것은 바로 위에서 말한 수고와 책임을 다하는 자들에게 베푸는 초청, 위로의 손길이다. 예수의 말씀은 너희 수고를 없애주거나 무거운 짐을 내려놓게 해주겠다는 것이 아니다. 물론 여기서 무거운 짐이란 혼자만 살려 하거나 혼자서 모든 일을 해결하려고 이웃이나 하느님을 무시하는 행위 혹은 열심히 해도 결과가 없을 때 느끼는 실망감과 괴로움의 짐이라고 할 수 있다. 또한 무거운 짐이란 것은 아집과 욕심의 짐이다. 그래서 그러한 무거운 인생의 짐을 내려놓으라는 것이다. 그러나 동시에 다른 각도에서 보면 인생의 온갖 수고와 짐은 바로 우리가 지고 가야 하는 것이요, 그 자체가 부정적인 것은 아니다. 그것은 다른 말로 자기 십자가를 지는 것과 같다. 자기 십자가는 자기가 져야 한다. 예수도 대신 지지 못하고, 그 누구도 대신 져 줄 수 없다. 그래서 예수는 "누구든지 나를 따라오려거든 자기를 부인 하고 자기 십자가를 지고 나를 따르라"고 정확하게 인생 문제를 진단 했다.

그러므로 내려놓아야 할 짐과 져야 할 짐을 구별해야 한다. 많은 경우에 이것을 혼동하여 아무런 짐도 지지 않고 쉬운 길만(기복적, 타협적) 가려고 한다. 혹은 무거운 짐을 지되 쓸데없는 욕심과 파멸의 짐 을 지기도 한다. 이런 짐은 버려야 한다. 그 길이 파멸의 길이란 것을 알아야 한다. 다른 사람을 파멸로 몰아넣고 자기도 거기로 간다. 우리 가 져야 하는 짐은 책임감에서 나오는 공동 번영의 짐이라 할 수 있다. 우리가 지고 가야 할 짐이 무거울수록 거기엔 더 큰 협력이 필요하고, 무거울수록 더 큰 일을 하게 되며 더 큰 용기와 위로, 쉼이 필요한 것이 다. 그러므로 수고하고 무거운 짐을 지지 않는 자는 쉴 자격이 없다. 소 위 인기에 영합하는 기독교 지도자나 교인이 바로 위에서 말하는 수고 와 무거운 짐을 지지 않고, 달리 말하면 자기 십자가를 지지 않고, 그저 쉬운 길만 가려는 사람들이다. 공동으로 지고 가야 하는 짐을 내팽개치 고 말이다.

공동의 짐을 진다는 것은 참으로 어려운 일이다. 인간의 이기 심이 본능적으로 발동하는 상황에서는 더더욱 어렵다. 어려우니 힘들 고, 힘드니 고통이 따르고, 고통이 따르니 짐이 무겁고, 무거우니 쓰러지겠고, 그래서 짐을 내리고 싶고, 쉬운 길을 찾게 된다. 자기만 그런 것이 아니다. 혹세무민하는 자도 많다. 예수를 따르면 모든 일이 잘되는 만사형통을 누린다고 말이다. 쉬운 길, 안식의 길, 행복의 길을 간다고 혹세무민하는 자가 많다는 말이다. 그런 자는 예수를 따른다는 의미를 모른다. 혼동의 경우다. 예수를 따르는 것은 다름 아닌 무거운 짐을 자진해서 지고 가는 걸 의미한다. '예수가 내 대신 짐을 졌으니 나는 안 져도 된다'가 아니다. 예수가 졌으니 나도 지고, 예수가 죽도록 사랑했으니 나도 죽도록 사랑하는 것! 그것이 바로 예수정신으로 사는 자요, 그것이 바로 하느님의 생명의 길이다.

한국의 일부 대형 교회는 왜 그렇게 교인 수가 많게 되었는가? 이유는 간단하다. 쉬운 길, 넓은 길, 가벼운 짐을 원하는 사람들에게 목사가 그들의 입맛을 맞추어주고 앞잡이 노릇을 하니 그렇다. 이런 길은 파멸의 길임을 왜 모를까? 파멸의 심각성은 자기들만 파멸하는 것에 그치지 않는다는 데 있다. 혹세무민함으로써 많은 사람을 파멸의 길로 인도한다. 길 잃은 사람들을 옳은 곳으로 인도하지 않고 또 사회의 고통과 짐을 함께 지고 가지 않으니 감당해야 할 직무를 다하지 못한 직무유기죄까지 받아야 한다. 앞에서 이미 한 번 예로 들었지만, 어느 고을 군수가 예수께 나아와 어떻게 해야 영생을 얻는가 물었을 때 예수가 내린 해답은 "가서 네 재산을 팔아 가난한 사람들에게 다 나눠주고 나를 좇으라"였다. 그랬더니 군수는 슬픈 낯빛이 되어 괴로워하며

돌아갔다. 영생을 얻으려면 헐벗고 가난한 사람들을 외면해서는 안 된
다는 것, 나아가 사람들과 함께 사는 법을 배우고 실천하는 데서부터
영생의 길이 시작된다는 함의가 여기에 묻어 있다. 영생은 혼자 누리는
어떤 재산이 아니다.

인생의
세 가지 순간

미국 텍사스 주의 멕시코 만 쪽에 가면 애런사스(Aransas)라는 작은 항구도시가 있고 거기에 자연 늪지대가 있어 새들의 국립공원으로 지정되어 있다. 그곳을 여행하다 재미있는 인생의 교훈을 얻게 되었다. 그곳이 철새들이 즐겨 찾는 천혜의 보금자리가 된 것은 자연의 조화였다. 즉 매년 끊임없이 닥쳐오는 작고 큰 폭풍으로 애런사스 연안은 비옥한 늪지가 되었고, 그 후 맑은 햇빛과 신선한 바람은 식물의 성장을 촉진했으며, 고기 떼가 천연의 늪지대로 모여드니 덩달아 철새 떼도 애런사스를 찾는다는 것이다. 덕분에 따뜻한 봄날에 나 같은 사람이 철새 떼가 찾는 천혜의 보금자리를 구경하러 오게 되는 것이다. 그야말로 자연이 만들어내는 아름다운 삶이다. 이 아름다운 삶에는 반드시 폭풍우가 있고, 햇빛 환한 날이 있으며, 또 남을 섬기는 번창함이 있다. 자연은 서로 도우며 사는 것이다. 그러나 거기에는 매서운 폭풍도 지나야 한다. 나는 이 멕시코 만 천연 늪지대의 삶이 인간 변혁 혹은 자기 변혁적 삶의 모범이 아닌가 한다. 그 순환하며 진보하는 삶을 애런사스에 빗대 본다.

첫 번째 단계: 폭풍 – I am nothing

다른 사람이나 사회가 나를 아무것도 아니라고 말할 때 다가오는 괴로움과 어려움을 말한다. 그러나 그러한 순간은 하느님을 찾고 기도하는 시간이다. 더 나아가, 정말로 하느님 앞에서 내가 아무것도 아닌 존재란 사실을 깨닫는 시간이며, 참된 자기를 발견하고 겸손을 배우는 시간이다. 이런 인생의 순간, 이렇게 느끼는 삶을 비유로 낫싱(nothing)이라고 표현한다.

두 번째 단계: 태양 – I am something

진정으로 하느님의 사랑을 깨달은 사람이, '나는 귀하다'라고 고백하며 자랑스러운 자기의 모습을 재발견하는 순간이다. 이 단계에서는 길을 가다 이름 없는 들풀 한 포기를 봐도 신기해 하고 감사하게 된다. 나의 하루하루 숨 쉬는 호흡에 감사하고, 내가 이렇게 하느님의 은혜 속에 살고 있다는 사실 하나만으로 기쁨과 감사가 충만한 시간,

그런 순간을 비유로 섬싱(something)이라고 말한다.

세 번째 단계: 나눔의 풍요 - I am anything

하느님의 사랑으로 말미암아 특별한 감사와 기쁨으로 사는 사람은 가만 앉아 있을 수 없다. '나는 이제 무엇이라도 되겠다'라는 결심까지 간다. 나는 이제 하느님이 원하면 애니싱(anything)이 되겠다는 것을 이렇게 표현한다.

이 세 가지가 간단없이 흘러야 균형 잡히고 변혁적인 삶을 사는 사람이라고 할 것이다. 이것은 일직선처럼 흐르는 관계가 아니라, 순환적으로 되풀이되는 과정이라고 볼 수 있다. 즉 낫싱에서 섬싱으로 가고, 섬싱에서 애니싱으로, 애니싱에서 다시 낫싱으로 흐른다. 그러나 그 낫싱 속에서 섬싱을 깨닫고, 또 애니싱으로 사는 삶은 끊임없이 계속된다. 흑암을 헤쳐 나온 뒤 광명과 평화 속에 새로운 다짐을 하며 새로운 사명을 찾아 열심히 살 때, 거기에는 반드시 또 다른 어려운 일과 힘겨운 결정의 순간, 감당하기 벅찬 일이 찾아오며, 또 자기가 한없이 작게 느껴지고, 포기하고 싶은 순간들이 반복해서 일어난다. 그러나 그러한 낫싱의 순간에 함께하시는 하느님을 발견하고 용기를 얻으며, 또 자기가 하느님 앞에 별것이 아닌 참 나약한 인간임을 알고, 다시 자신감을 얻고 하느님의 자녀로서의 섬싱을 느끼며 애니싱이 되겠다는 자세로 살아가게 된다.

　　또 어떤 경우에는 이 세 가지가 동시에 협력해야 진정한 자기가 되기도 한다. 즉 자신을 낫싱이라고 말하는 사람이라야 진정한 섬싱이 되는 것이고, 또 애니싱이 되는 삶을 사는 사람이라야 정말 섬싱이 될 수 있다. 이 세 가지는 별도로 존재하는 것이 아니고, 삼각대처럼 서로 지탱해주는 관계다. 어느 하나라도 없으면 삼각대가 설 수 없는 것과 같다. 즉 자신은 아무것도 아니라고 할 때 귀한 존재가 되며, 귀한 존재는 명하는 대로 순종하며 살겠다는 자세가 있을 때 그 값어치가 있다.

　　성서 사무엘상에 나오는 한나의 이야기를 통해 어떻게 그녀가 자기 변혁의 삶을 살아갔는지 보자. 한나는 아들이 없었고, 그 때문에 남편의 다른 아내인 브닌나로부터 모욕을 당하고, 사회로부터도 질시를 받고 죄인 취급을 당했다. 그 당시에 아들 못 낳는 것은 하느님의 벌을 받은 것, 형편없는 여자로 낙인찍히는 일이었다. 사회적인 질시와 압력만이 있던 것은 아니다. 집안에서 남편 엘가나의 다른 아내가 한나에게 심한 모욕감과 수치심을 안겨준다. 하지만 남편 엘가나는 한나를 보듬으며 자기에게는 아들이 필요 없고 사랑하는 아내 한나 하나면 족하다고 위로한다. 그러나 한나에게는 남편의 따뜻한 말도 위로가 되지 않는다.

　　여기서 첫 번째 삶의 순간인 낫싱, 즉 아무것도 아니다를 생각해보자. 한나는 사회로부터 너는 아무것도 아니며, 하느님의 벌을 받은 몹쓸 아내라는 모멸에 찬 비난을 받는다. 또, 남편의 다른 여자로부터도 너는 아무것도 아니라고 무시와 모욕을 당한다. 한나는 남편에게 사랑도 받고 부족할 게 없는데 아들이 없다는 것 때문에 무시당하는 아픔에 너무 화가 난다. 그래서 많이 울었고, 한이 맺혔을 것이다. 기도하며 하느님과 여러 해 씨름도 했다. 한나는 매년 성전으로 올라가 기도와 눈물로 보냈다.

　　　이 한 많은 여인의 기도와 울음을 이해하지 못하는 성전의 제사장 엘리는 한나에게 술 취한 것이 아닌가 하여 포도주를 끊으라고 책망한다. 하느님의 사람들이 겪는 고통을 가장 먼저 이해해야 할 제사장이 한나의 아픔과 한을 전혀 알지 못했다는 사실에 놀라지 않을 수 없다. 그래서 한나는 더욱 마음이 아프고 원통하여 하느님께 울부짖게 되는 것이다. 그러나 이 여인의 한을 이해하는 자 아무도 없었다.

　　　이러한 낫싱의 순간에 한나는 자기를 괴롭히고 모욕 주는 사람과 싸우느라 목숨을 걸지 않았다. 오히려 묵묵히 오랜 세월 동안 하느님께 매달리며 기도했다. 이러한 기도를 통해 한나는 새로운 힘을 얻고 자기의 모습을 재발견한다. 더불어 겸손의 눈을 뜨고 새로운 비전을 보았으며, 이웃의 모습을 재인식하고 자기가 어떻게 살아야 할 것인지 알게 되었다. 즉 자기 변혁의 과정을 걸어간 것이다. 이웃을 재인식하는 시간이다. 자기를 괴롭히는 다른 아내와 사회에 대해 냉철하게 고민하는 시간일 것이다. 가장 가까이 있는 동료가 자기를 괴롭히고 힘들게 하지만, 함께 살아야 할 이웃이라는 사실을 깊은 기도를 통해 깨닫게 되는 것이다. 자기가 낮아져 보니 이웃이 불쌍해 보이고, 함께 가야 할 대상이라는 걸 깨닫는 시간이라는 것이다.

두 번째 삶의 순간, 섬싱은 낫싱을 거친 사람들에게 부여되는 것이다. 한나가 시련의 시간과 기도를 통해 자기를 재발견하자, 하느님이 바로 응답해주셔서 한나는 그야말로 인생의 위대한 순간을 느끼게 된다. 인생의 환희의 순간, 감사와 찬양의 시간이다.

마지막으로 한나의 세 번째 순간, 애니싱이 될 수 있어야 한다. 애니싱은 아낌없이 주는 사람의 삶이다. 아낌없이 받았기 때문에 아낌없이 줄 수 있고, 또 줌으로써 사회가 행복해지고, 사회가 행복해지면 나도 행복해지는 비결을 배워야 한다. 한나의 기도를 자세히 보면, 바로 그런 기도를 한다. 하느님의 은혜를 깨닫고, 자기의 부족함을 깨닫고, 이웃의 소중함을 깨닫고, 민족과 나라의 소중함을 깨달았으므로 당연히 기도의 내용이 달라진 것이다. 즉 한나는 목적 없이 무조건 아들을 달라고 기도하지 않았다. 아들을 주시면 하느님께 바치겠다고 한다. 받고자 하는 것은 궁극적으로 돌려주기 위함이다. 쓰러져 가는 이스라엘의 앞날을 걱정하여 민족 앞에 내놓은 것이 바로 한나의 신앙이다. 한나는 자식 덕을 보려 하지 않았고, 자식을 출세시켜 자기의 원수를 갚으려 하지 않았다.

한나의 깊은 신앙을 본받는다. 처음에는 그저 아들을 갖게해 달라고 간구했지만 긴 시간 후에 깨닫고 보니, 아들을 구하는 이유를 알게 된 것이다. 즉 하느님께 드린다는 것은 내 것이 아니라는 선포다. 가장 귀한 걸 하느님께 드리는 게 바로 일그러진 나라를 바로 세우는 일임을 깨달은 것이다. 개인의 이익이나 영화보다도 먼저 하느님의 나라를 생각하는 것이다. 이것이 바로 먼저 하느님의 나라를 구하는 삶이다. 하느님이 주인이 되고 평화와 정의가 강같이 흐르는 곳, 그곳이 바로 하느님 나라다.

판타지와
진정한 희망은 다르다

판타지(Fantasy)는 대개 환상, 망상, 공상 등으로 번역된다. 사람이 살다가 매우 어려운 일을 당했을 때 인간의 심리 가운데 방어하려는 반작용이 일어나며 이러한 반작용 가운데 하나가 환상을 갖는 것이다. 즉 공상이나 환상을 통해 현실 세계를 가공하며 탈피하거나 극복하려는 경향이 있다. 이러한 환상이나 공상을 어떻게 다루고 치료하는가가 심리 치료의 한 과제다. 고통스러운 현실에 대한 반작용으로 갖게 되는 환상이나 공상은 현실을 도피하거나 문제를 회피하게 만들므로 문제의 근본 해결책이 될 수 없다. 그래서 심리 치료의 중요한 단계에서 바로 이러한 판타지를 직접 다룬다. 판타지에는 에너지와 상상력이 동반한다. 방어 기재의 하나인 공상이나 망상 속에 해결의 욕구라는 에너지가 분출되지만 그것이 현실도피적인 상상과 접목될 때 문제 해결이 아니라 오히려 방해가 되는 것이다. 다만 여기서 중요한 건 판타지가 갖는 에너지와 상상력이 긍정적인 해결의 에너지로 바뀔 수 있다는 것이다. 그것은 바로 현실을 직시하게 하고 싸워 나가게 하는 것이다. 망상을 파헤치고 뒤집어 문제의 질곡 속으로 뛰어들게 하면서 현실을 직시하게 하는 것이다.

이러한 현실적인 감각 속에서 싸우면서, 포기하지 않고 희망의 끝을 보며 긍정의 상상을 하는 것은 분명 판타지와는 다르다. 이것은 우리에게 필요한 희망이다. 이런 희망은 막연한 판타지와는 확연히 다르다. 그런데 신앙인들 중에 판타지적인 망상을 하는 경우가 적지 않다. 어떤 문제가 생겼을 때, 그것을 초월하려 하거나 회피하려 하거나 막연히 해결된다고 하는 착각을 한다면 의심할 여지없이 판타지에 갇힌 사람이다.

살다 보면 누구나 고통스러운 일을 겪기 마련이다. 감기 두통이 생겼을 때 아스피린을 먹으면 우선 도움이 된다. 열이 오르면 얼음을 갖다 대는 것이 도움이 된다. 그러나 이것은 일시적인 응급책일 뿐이다. 상황이 훨씬 심각한 병에 걸렸을 때도 진통제 처방은 고통 경감 효과가 있다. 다만 진통제 처방은 병의 근본적 치료 목적이 아니라 환자의 고통을 일시적으로 완화(정확히 말하면 고통을 덜 하게 혹은 느끼지 못하게 하는 것)하려는 것이다. 진통제 처방으로 고통을 덜 느낀다고 해도 병이 완치된 것은 아니다. 이와 비슷하게 사람이 정신적·심리적·사회적으로 여러 가지 고통을 느낄 때, 종교가 하는 일이 고통 완화제 정도이면 그것이 바로 진통제 혹은 아편의 효과가 아닌가 한다. 사실, 소위 성공하는 많은 교회(여기서 성공이란 것은 교인 수와 예산을 말함)의 면면을 살피면 이런 진통제의 작용이 뛰어나다는 것을 발견하게 된다. 고통을 일시적으로 해소해주거나 잊게 함으로써 그 고통의 원인과 드러나는 개인적·사회적 현상에 대해서 눈감게 하는 것이다. 마치 만병통치약을 먹는 것처럼, 마치 자기 병을 완전히 치료한 것처럼 기뻐하며 끊임없이 진통제를 찾게 하는 건 아닐까 생각해본다. 그것에 맛 들린 사람은 그런 아편이 하루라도 없으면 살아가지 못한다. 그렇게 고통을 내면화하다 보니 고통의 원인 혹은 고통의 깊은 의미에 대해서 너무 과소평가하는 것이 아닌가 한다.

고통을 내면화한다는 것은, 그것이 어떤 종류이든(사회적, 신체적, 심리적, 경제적) 그 고통을 단순히 개인적인 차원에 국한해 모든 것은 나의 신앙으로 극복할 수 있다고 보고 그래서 주로 기도나 명상을 통해 해결하려 드는 것을 말한다. 이것은 다분히 현대 심리학적인 면에서 그럴듯한 방어 메커니즘인 것만은 틀림없다. 그러나 다양한 종류의 고통(즉 다양한 원인의 고통)을 단순히 개인 차원에 국한하거나 고통의 단순 극복(마치 진통제 먹는 것처럼)을 목표로 한다는 것은 문제다. 이렇게 되면 고통의 원인에 대한 성찰이 부족하게 될 뿐더러 고통의 사회적 현상,

즉 사회 속에서의 연대성을 상실하게 된다. 이것이야말로 종교의 아편적인 기능일 것이다. 사람들은 아편을 맞으면 순간적으로 자기의 고통을 잊고 다른 사람의 고통도 그렇게 해결될 것으로 믿는다.

고통에는 여러 종류가 있다. 원인이 비교적 쉽게 규명되는 고통이 있는 반면 이유를 알 수 없거나 설명할 수 없는 고통도 있다. 규명이 되는 고통에도 자기가 잘못해 일어나는 고통이 있고 사회적 현상에서, 즉 정의의 상실로 오는 고통이 있다. 원인 불명이거나 설명이 어려운 고통에는 여러 가지가 있다. 깊은 심리적 고통—누구나 어떻게 보면 타고나는, 마치 프로이트가 말한 내면 동기에 의하여—이 있는가 하면, 선한 사람의 갑작스러운 죽음이나 심각한 질병 또는 냉동 창고에 불이 나 타 죽은 경제적 약자의 가족이 느낄 법한 고통 등 쉽게 설명하지 못하는 아니 설명해선 안 될 여러 가지 고통이 있다. 여기서 고통의 철학이나 사회·경제적 현상과 원인을 따지고자 하는 것이 아니다. 요점은 이러한 다양한 종류의 고통에 진통제 같은 처방으로 대처하는 것은 병을 아편으로 덮어버리는 꼴이며, 결국 고통을 더 깊게 하는 요인이 된다는 점을 이야기하려는 것이다. 진통제는 치료를 목적으로 주는 것이 아니므로 고통을 느끼지 못하게 할 뿐 병을 기만하는 선택이다. 물론 진통제를 쓰지 않고 제대로 대처한다고 하여 모든 병이나 고통을 치료할 수 있다는 것은 아니다. 치료가 되든 안 되든 그 병을 똑바로 응시해야 한다는 것이다. 피하지 말아야 한다는 것이다. 그 과정에서 어떤 방향으로 어떤 해결책이 나오든 아니면 어떤 의미를 주든 그것을 직시해야지 그것을 잊어버리거나 느끼지 못하게 하는 것은 진정한 처방이 아니다.

그 다음으로 중요한 것은 고통의 사회적인 연결점이다. 즉 본인의 의사와 관계없이 사회의 일원으로서 당하는 고통이 있다. 당연히 사회적인 고통의 고리에 대해서 고민하며 해결 방안을 모색해 나가야 할 것이다. 그리고 고통의 연결점이라 할 때 거기에는 윤리적인 연대성과 책임이 들어가야 한다. 남의 고통이 내 고통, 우리의 고통이 되지 않는다면 공동체는 이미 무덤이다. 위대한 삶을 살다 간 이들은 한결같이 고통을 나눈 사람들이었다. 종교가 아편이 되거나 진통제 처방이 되지 않기를 바란다.

진정한 변화에
필요한 것

양극과 음극이 연결되어 만나면 전류가 흐르게 된다. 양극과 음극이 따로 떨어져 있으면 아무 변화도 없고 전기도 흐르지 않는다. 인간관계로 확장해보면 아주 이질적인(생각이든 그 어떤 것이든) 사람과 사람이 만날 경우 불꽃이 튀지만 서로 연결되어 있으면 전류가 흐른다. 전류는 좋은 것이다. 전류는 힘을 가지고 있어서 많은 일을 한다(그것이 전력이다). 전기적 특성에서도 볼 수 있듯이 양극과 음극을 바로 닿게 하면 순간적으로 스파크가 일어난다. 그러나 두 극을 적당히 떨어지게 하여 서로 연결하면 불꽃이 일어나는 대신 전류가 연결선을 타고 흐른다. 이때 불꽃은 사실 사라진 것이 아니다. 서로 연결됨으로써 전류로 바뀌어 흐르고 있을 뿐 불꽃의 에너지 자체가 소멸된 것은 아니다. 여전히 거기에는 전기의 힘이 존재한다. 정반대끼리 만나야 한다는 논리와 같다. 만나되 적당한 거리를 두고 연결되어 있어야 하니 인간관계가 얼마나 긴장되겠는가? 그러나 그런 만남의 긴장 속에 건전한 전류가 흐를 수 있다. 달리 말하면 긴장된 대화 속에 서로 바뀌고 이해하고 사랑해야 한다는 의미와 같다. 서로 배우고 서로 존경함으로써 제3의 지식, 깨달음을 갖게 된다는 것과 비슷하다. 그런데 우리네 인간 속성을 보면 정반대나 이질성을 싫어하는 경향이 있다. 어떤 외부 도전이나 아주 싫어하는 것을 만날 때, 그것이 사람이든 어떤 현상이든 간에 우리는 회피하거나 아예 없애버리려 한다. 반대하는 정치인, 반대하는 지식인, 반대하는 사람들을 아예 격리해버리는 것이 가장 쉬울지는 몰라도 사회 전체를 놓고 보면 그처럼 어리석은 행동도 없다. 왜냐하면 그 같은 방법으로는 해결되는 것이 전혀 없고 오히려 한 사회를 관통하며 흘러야 할 전류도 공급되지 않으니 이것이야말로 죽은 조직, 죽은 사회가 되는 첩경이기 때문이다.

얼핏 보면 이런 내 생각이 헤겔의 변증법적(dialectical) 역사 진보 이론인 정반합(thesis-antithesis-synthesis)과 비슷한 것 같으나 분명히 다르다. 나는 그런 역사의 진보라는 이상주의를 받아들이지 않는다. 또 역사의 과정에서 thesis와 antithesis의 구분 자체가 모호하며 그러한 구분 자체가 해석상 하나의 걸림돌이 된다. 왜냐하면 thesis의 다양한 측면이 있으므로 어떤 하나를 적시할 수 없음과 같다. 그래서 내가 말하는 극과 극이 만난다는 것은 보다 더 광범위한 현상학적 문제와 존재론적 문제를 다루는 담론에 속하며 아감벤(Agamben), 바디우(Badiou), 데리다(Derrida)와 가깝다. 여기는 깊은 논의를 하는 장이 아니므로 그냥 스쳐 말하는 것이다.

　　이런 극성의 관계는 대인 관계뿐만 아니라 여러 가지 현상에 적용된다. 나 자신에게도 적용해볼 수 있다. 즉 내 안에도 혹은 나의 일상생활 가운데서도 일어난다. 내 안에 서로 상충하는 극이 존재한다. 때로는 아주 기뻐하는 일, 때로는 아주 슬퍼하며 증오하는 일을 만날 때 자신 안의 이런 극성을 어떻게 이해하는가에 따라 전류가 흐르게도 아니면 그냥 죽은 극이 되게도 한다. 즉 자신을 어떤 자율적이고 독립적인 존재라고 생각하는데, 어느 순간 자신이 아무것도 아니라고 하거나 그런 상황을 만날 때 바로 감당할 수 없는 큰 폭발음이 일어나는 것이다. 즉 극과 극이 만나는 체험이다. 이런 체험 자체가 그냥 연결되어 전류로 바뀌는 것은 아니다. 두 극이 만나서 불꽃 튀는 에너지가 건전한 전류로 바뀌려면 서로 연결되어야 한다. 이 '연결'의 의미를 되새겨 보아야 한다. 연결이란 것은 고통, 긴장 그리고 신뢰의 약속선이다. 이러한 연결 속에서 자신을 재발견하고 이웃을 재발견하고 하느님을 재발견하는 섭리적, 존재론적 사건이 움트는 것이다. 자신과 대극에 있는 만남을 어떻게 이해하느냐는 바로 삶의 보람과 변혁에 직결된다.

　　개인 생활이나 사회생활이나 이러한 '반대성'이나 '이질성'을 만날 때 우리가 어떻게 해야 하고 어떤 변화가 일어나는가를 유심히 살펴봐야 할 것이다. 이것은 오늘날 많은 정치철학자, 신학자들이 관심을 갖는 문제 중의 하나다. 다시 말하면 반대성이나 이질성의 역할과 존재론적인 의미를 파헤쳐봐야 할 것이다.

변화의
원리

●

핵분열(nuclear fission)은 인간이 인공적으로 만들어낸 것이다. 이와 달리 핵융합(nuclear fusion)은 자연적으로 존재하는 것으로 태양과 같은 별에서 일어난다. 핵분열을 통하여 핵폭탄을 만들 때는 핵을 순간적으로 분열시키는데, 이때 나오는 엄청난 열과 에너지 그리고 그 부산물로 방사능과 낙진이 발생한다. 어떻게 보면 핵이 분열하는 아픔과 에너지라 말할 수 있다. 그 조그만 원자의 핵이 분열할 때 엄청난 파괴력이 생긴다. 중성자가 튀어나와 다른 중성자와 부딪히는(소위 말하는 연쇄반응, chain reaction) 것뿐인데 그 파괴력은 대단하다. 그런데 이 핵분열의 시간을 천천히 하고 연쇄반응 속도를 조절하면 핵 발전에 필요한 전기 에너지를 얻게 된다. 핵폭발의 평화적인 이용이 가능한 것이다. 여기서 차이를 보면 결국 시간의 조절이다. 급하게 분열하면 파괴와 파멸로 말미암아 많은 사람이 일시에 방사능과 고열, 낙진으로 죽거나 큰 위협에 놓일 것이다.

이처럼 급하게 진행되는 핵분열을 인간 생활에 적용해볼 수 있다. 이질적인 사람과 사람 혹은 서로 다른 의견이 부닥칠 때 시간 조절이 적절하게 이루어지지 않으면 원자폭탄이 터지는 것처럼 엄청난 결과를 초래할 것이다. 당사자들은 물론이고 주위 사람들까지 가공할 파괴력을 지닌 열과 에너지, 방사능과 낙진으로 파멸할 테니 말이다. 그러나 핵분열 과정이 천천히 진행되면 파괴나 파멸이 아니라 적당한 양의 에너지를 얻게 되는 것처럼 서로 다른 의견이나 이질적인 사람들이 부닥칠 때도 아프지만 서로 인내하고 배우고 긴장하고 나아가면 결국은 이러한 과정이 창조적으로 되어 건설적인 에너지가 나온다. 어떻게 보면 양극과 음극이 연결되어 전선을 타고 전류가 흐르는 것과 같다. 폭발이 아닌 선의의 전기가 흐름으로써 서로 살게 되는 것이다.

핵융합은 어떤가? 핵융합은 작은 핵들이 고온·고압에서 서로 융합할 때 질량 감소가 일어나는데, 그렇게 감소한 질량만큼 열과 에너지가 방출되는 현상이다. 즉 이것은 결합하는 아픔이라 할 만하다. 참 재미있다. 이를 인간 생활에 적용하면 서로 융합한다는 것은 각기 다른 사람 혹은 이질적인 사상 등이 고도의 긴장과 토론 상황에서(마치 핵융합이 고온 고압에서 일어나듯이) 본래 자기의 질량에서 조금씩 양보해(즉 감소) 작은 핵들처럼 하나로 융합하여 전체로 되는 것을 의미한다. 이때 발생한 질량감소 또는 잃어버린 그 무엇은 융합을 위한 자기희생이라고 말할 수 있다. 이와 같은 핵융합으로 태양은 끊임없이 열과 빛을 생산해낸다. 물론 핵융합에서도 해로운 방사능 같은 것이 약간씩 나오기는 한다. 그러나 핵분열하여 터지는 핵폭탄과는 비교가 안 된다. 여기서 중요한 것은 결합할 때 나오는 열과 에너지는 결합의 대가, 즉 희생의 산물이라는 점이다.

핵분열과 핵융합이 형이상학적 철학과 신학 혹은 인문학과 사회과학에 그대로 100% 적용된다고 말할 수는 없을지라도 물리학(물론 핵분열은 자연현상은 아니고 인위적으로 만든 발명품이라 할 수 있다)의 이러한 관점은 상당히 재미있다. 나는 사실 삶의 철학을 통해 물리학을 이해한다. 물리학 자체를 공부하는 사람이 아니지만 사회 경험을 통해 물리학을 조금이라도 이해한다면 그렇지 않는 경우보다 훨씬 쉽고 재미있다.

위와 같은 변화의 원리를 원용한다면 원수와 이웃 사이의 개념을 달리 볼 수 있다. 원수 혹은 이웃은 나의 밖에 존재하기도 하지만 내 안에 존재하기도 한다. 아니, 정확히 말하면 내가 생각하는 그런 원수는 존재하지 않는지도 모른다. 흔히 우리는 원수를 자기 밖에 존재하는 어떤 것이라고 규정하고 멀리하거나 제거하면 문제가 해결될 것이라 생각한다. 이것이 서양의 수술 방식이다. 혹은 선제공격으로 적을 섬멸코자 하는 전략이다. 원수는 오직 정복하거나 다스림을 통해서만 제어할 수 있다고 보는 사람이 많다. 이런 경우, 원수는 자기 외부에 있다고 여기는 경우며 또 그 원수는 자기와 아무 관계가 없다고 생각한다. 즉 원수가 자기와 무슨 관계가 있는지, 왜 원수가 되었는지, 그 사람에게 자신은 원수질 만한 일을 하지 않았는지 생각할 겨를이 없다. 그렇게 생각할 겨를도 없이 극단적인 경우 원수를 죽이기까지 한다. 예를 들면, 얼마 전에 테네시 주 낙스빌의 어떤 교회 집회에서 한 남자가 총을 쏴 몇 사람이 죽은 사건이 있었다. 일종의 증오 범죄(hate crime)다. 이 교회가 동성애자를 보호하는 일에 나선 것이 범죄의 주요 원인으로 보인다. 미국에서는 이처럼 극단적인 부류의 사람들이 가끔 이런 사고를 친다. 왜냐하면 이 사람들에게는 '이상한 짓'을 하는 사람은 모두 다 원수이고, 이러한 원수들은 죽여 없애야 한다고 보는 극단적이 성향이 강하기 때문이다. 이런 부류의 사람들에겐 원수는 오직 타자다. 자기 안에 도사린 원수는 전혀 보지 못한다. 그들의 내면에 도사린 원수는 다름 아닌 '미움'이라는 원수인 것이다.

또 다른 경우, 원수가 '정당하게' 만들어질 수도 있다. 예를 들면, 까닭 없이 나에게 해를 끼치거나 나의 주위 사람 혹은 가족에게 나쁜 짓을 한 경우, 가해자는 일종의 원수다. 단순한 미움이 아니라 이런 경우는 정의의 분노가 발생하며 그런 분노는 정당하다. 이 경우, 가해자는 법으로 심판을 받는 것이 당연하다. 법이 정의의 심판자가 되는 경우이므로 개인적 복수를 해선 안 된다. 문제는 피해자의 내면이다.

가해자가 법의 처벌을 받았다 하더라도 피해자 내면에 존재하는 미움과 분노는 어떻게 해야 할 것인가? 심리 치료를 받으면 없어지는가? 의지로 극복해야 하는가? 시간이 가면 없어지는가? 아니면 기도를 통해 극복해야 하는가? 이에 대한 대답을 여기서 다 할 수는 없다. 나는 이런 '어두운' 경험을 약으로 삼아야 한다고 말하고 싶다. 그냥 누르거나 단순히 씻어낸다고 없어지는 건 아니라는 것이다. 그러니 고통과 분노의 뼈아픈 약이지만 어떻게 보약으로 발전시킬 것인가 고민하며 자신처럼 고통당하거나 실의에 빠진 사람을 돌아보면서 불의에 분노하고 정의에 불타며, 아프게 웃는 삶을 통하여(물고기의 역류를 생각하라) 이겨 나가는 것이다. 또 가해자에 대한 연민과 분노를 느끼며 내 속에 존재하는 어떤 악의적인 요소와 약한 부분도 함께 살펴 원수를 껴안고 살아가려 발버둥쳐 보는 것이다. 미리 포기하지 말고 말이다. 이런 삶의 태도는 고통이나 분노, 아픔을 떼어내는 제거 수술 같은 방식이 아니고 그것과 함께 지내며 이겨 나가는 방식, 즉 한의학적 개념처럼 온 몸의 순환을 고르게 하고 잘 흐르게 하는 것이다.

분노는 에너지를 수반하며 이 에너지가 갑자기 터지면 핵분열이 되어 엄청난 파괴력을 가져옴을 '핵분열과 핵융합'에서 이미 언급했다. 분노라는 이름의 에너지는 온 몸을 타고 천천히—마치 한약이 온 몸을 골고루 돌보며 오장육부가 기능하게 도와주는 것처럼—흘러야 한다. 천천히 흐른다는 것은 원수에 대한 이해의 폭과 관계의 깊이,

대화의 심도를 넓고 깊게 가져가는 과정을 말한다. 이렇게 분노가 천천히 흐르면 결국 물리적으로 에너지가(혹은 열이) 조금씩 방출됨으로써 몸에 지장을 주지 않고 원수와의 관계에서 한결 여유와 지혜, 용기와 담력을 갖게 될 것이다. 그러니 장기적으로 몸이 좋아질 거라고 봐도 좋다. 원수 사랑이 얼마나 어려웠으면 예수가 명령까지 했을까? "원수를 사랑하라"는 짧은 외침은 자못 과격한 명령이며, 어떻게 보면 매우 불합리하고 부당한 것일 수도 있다. 그래서 프로이트(Freud)는 원수를 사랑하라는 명령을 인간의 정의와 가치를 무시하는 것이라 보았다. 내가 혐오하고 싫어하는 짓을 하는 사람, 나에게 괴로움을 주는 사람, 생각과 행동이 정상적이지 못하고 정말 보기도 싫은 사람, 악마적인 사람을 사랑한다는 것은 그런 행동 양식을 인정해주는 것과 같으므로 있을 수 없고 또 그런 사랑을 강요해서도 안 된다고 하였다. 일면 타당한 말이다. 문제는 "사랑하라"는 정의를 어떻게 적용할 것인가다. 그리고 원수와 어떻게 대화하고 어떻게 지낼 것인가다. 무조건 받아들이라는 말을 사랑이라고 말할 수도 없다. 그것은 또 다른 불의, 부정이 될 수 있다. 왜냐하면 인간은 자율과 자유 아래서 자기 판단과 행동을 해야 그것이 신뢰와 책임을 가져다주기 때문이다. 그러므로 "원수를 사랑하라"는 말을 강압적인 명령으로서 무조건 원수를 받아들이고 '용서'하라는 뜻으로 이해하는 것은 분명 옳은 해석이 아니다.

그러면 어떻게 하는 것이 옳은 해석일까? 위에서 간단히 언급했듯이 우선 원수를 나의 안과 밖에 존재하는 것으로 나누어 바라보는 훈련이 필요하다. 아울러 사랑이라는 말을 무조건 수용이 아닌 원수와 함께 긴장하고, 부닥치고, 깨어지고, 다시 생각하고, 다시 행동하고, 다시 질문해보는 끊임없는 과정 속에서 서로 깨닫고 서로 노력해가는 삶이라고 이해할 필요가 있다. 그렇게 할 때 그 사랑의 노력과 투쟁 속에 나보다 더 큰 사랑, 그 사랑으로 키워져야 하는 원수를 포함한 이웃이 존재하는 것이다. 그런 과정에 하느님의 은혜가 함께하며 그 과정을 지탱해주고 인도하는 역할을 할 것이다. 무엇이 먼저냐 따질 수가 없다. 요한 서신서가 말하듯이 우리가 서로 사랑하면 이로써 우리가 하느님의 자녀인 줄 알 것이라 생각한다. 문제는 이 사랑을 이웃끼리만 나눌 것이 아니라 원수에게도 나눠줘야 한다는 사실이다. 어떻게 보면 원수는 우리 주변에 즐비하다. 그리고 원수의 존재가 꼭 나쁜 것만은 아닐 수도 있다. 나의 존재를 위해서 원수를 사랑하는 일은 필수다. 달리 표현하면 원수는 제거해서 없어지는 것이 아니기 때문이다. 나의 원수 사랑이 없으면 원수 없는 내 삶도 불가능하기 때문이다. 원수를 사랑할 때 원수는 나와 함께 사는 것이고 그렇게 되면 나의 이웃에게 바로 평화가 찾아오며, 사회에도 정의가 깃들게 된다. 물론 이것은 그냥 되지 않는다. 한순간에 이루어질 수 없는 일이기에 일생을 두고 변화의 과정을 걸어가야 할 것이다.

나보다
더 큰 세상

나는 본시 인생에 대해서 관심이 많았다. 철없다고 생각되던 10대 시절에 인생이 무엇인지 깊이 고민하고 사색에 잠겨본 적이 있다. 그래서인지 경제적 윤택함을 뒤로하고 늦게 신학 공부를 시작하여 지금은 대학교에서 학생을 가르치는 사람이 되었다. 나는 아직도 인생이 무엇인지 잘 모른다. 여전히 탐구하고 깨닫고 변화해 가고 있을 뿐이다. 나는 여전히 인생의 방대함과 수수께끼 같은 문제에 압도당하기도 하고 좌절하기도 한다. 그러나 분명 거기에는 살 만한 가치, 알 만한 가치, 누릴 만한 가치, 죽어도 아깝지 않을 가치가 있다. 또한 함께 주어진 만물들에 둘러싸인 감동, 옆에서 무엇이 일어나는지 지켜보기만 하지 않고 공동체에 기꺼이 참여하면서 희열과 고통을 느끼기도 한다. 나는 끝없는 욕심과 비인간적 잔인함에 치를 떨며 인간에 대한 배신감을 느끼고 깊은 수렁에 빠지는 그런 때에도 인간이기를 포기할 수 없게 만드는 어떤 힘에 대해서 감사하고 항복하는 마음을 품는다. 이 모든 게 쉽지 않기 때문에 인생을 더욱 알고 싶고, 도전하고 싶고, 더 누리고 싶은 것이다.

그런데 인생이 무엇인지 다 안다고 주장하고 그렇게 사는 사람들도 있다. 과연 그럴까? 사실은 이런 불필요한 과대 신념 때문에 다른 사람, 사회, 국가에 해를 주는 경우가 많다. 묻고 싶다. 자기의 신념 때문에 다른 사람을 괴롭혀도 좋은 것인가? 그것이 정당화되는가? 신념이라는 이름하에 자기의 욕심, 힘을 행사하려는 것이 아닐까? 신념이란 것도 사실은 그것이 변하고 발전할 때 건전한 신념이지 고착되어 있으면 마치 썩은 물같이 될 수도 있다는 사실을 간과하면 안 된다. 특히 종교적 신념이라는 미명하에 사람을 포로로 만들어버리는 경우가 비일비재하다. 종교가 사람을 깨우치는 것이 아니라 오히려 더 닫아버리고 자기만 옳다고 논쟁하며 다른 사람(다른 종교)은 틀렸다고 단정 짓는 교리라는 거울, 나르시시즘(narcissism)에 빠져 있는 경우가 많다. 이런 경우에 세상의 진정한 모습—명암이 있는 다양하고 독특한 전체—을 보는 대신 과대 신념이 작용하여 자기 식으로 세상을 보고 판단하므로 그 눈으로 보는 것은 자기 모습일 뿐이며 나르시시즘의 전형적 형태다. 착각에 빠져 사는 것이다. 자기보다 더 큰 세상, 자기보다 더 복잡한 현실과 세상, 자기의 경험보다 더 큰 다른 사람의 삶을 전혀 볼 수가 없다. 다른 말로 표현하면, 이런 것이 '우상'이다.

우상은 하느님 대신 대입하는 모든 것이다. 하느님의 눈이 아니라 내 눈으로 나의 모습만 보고 모든 것을 판단해버리는 것이 바로 하느님을 거부하는 경우이다. 자기가 알고 생각하는 그 이상으로 하느님이 존재함을 인정할 때 참 자기를 발견하게 된다. 즉 자기의 유한함과 부족함을 깨닫는 것이다. 이것을 인정하지 않고 자기의 지식이나 경험을 절대시하는 모든 것이 바로 우상이다. 우상에 참여하지 않으려면 하느님의 음성에 늘 마음의 문을 열어두어야 한다. 그 방법 중 하나가 하느님이 만든 창조물, 이 세계, 이 세상 사람들을 잘 관찰하되 열린 마음으로 그들과 대화하는 것이다. 다른 사람(혹은 이질적인 어떤 이방인)의 얼굴을 볼 때 신의 창조적인 아름다움을 보는 동시에 죄악으로 물든 폭군적인 요소도 같이 보고, 또한 그것이 나에게도 존재한다는 사실을 깨닫는 것이 진정한 열린 마음의 자세다.

성서에 던지는 물음표 - 문화 비평적 성서 해석과 오늘

2014년 11월 18일 초판 1쇄 인쇄
2014년 11월 25일 초판 1쇄 발행

지은이 | 김영석
펴낸이 | 김영호
펴낸곳 | 도서출판 동연
편 집 | 조영균 디자인 | 이선희 관 리 | 이영주

등 록 | 제1-1383호(1992. 6. 12)
주 소 | (우 121-826) 서울시 마포구 월드컵로 163-3
전 화 | (02) 335-2630
팩 스 | (02) 335-2640
이메일 | yh4321@gmail.com

ISBN 978-89-6447-259-0 03200